［三村式ネット株］実践編

30万円→

3億円

大学生が徹底指導した

勝利の鉄則

扶桑社

【はじめに】

お久しぶりです。三村雄太です。昨年、ボクが出版した『平凡な大学生のボクがネット株で3億円稼いだ秘術教えます!』を多くのみなさんに読んでいただき、本当に感謝しています。お陰様で第2弾となる本書を出版する運びとなりました。06年は、年明け早々のライブドアショックで相場は大混乱。かなりの痛手を負った方もいるでしょう。ボクですか? 資金が大きいので大損を被ったと思われるでしょうが、株価が大暴落したときでも1日の収支はプラス。ライブドアショックでは、ボクのようなデイトレーダーが、一番効率良く勝てたと思います。

では、どうやって利益を出すことができたのか。それは相場の流れを正しく読んでいたから。例えば、下げ相場でさらに下げると思えば、当たり前ですが、手を出さなければ損失は全く出ません。さらにそこで空売りすれば儲かります。または、この下げは一時的なもので反発すると思えば買って、上げたら売って利益を出せば良いのです。このように、デイトレは相場の流れを正しく読めれば勝てるのです。しかし、この「相場の流れを正しく読む」ことは難しく、ボクでさえなかなか当たりません。6勝4敗ぐらい。では6勝4敗でそんなに勝てるの?と思われるでしょうが、1勝を大きくして1敗を小さくす

れば、利益はかなり出ます。イチローでも打率10割はムリなのと同様、デイトレも勝率100％は不可能。デイトレで勝つコツは、6勝をホームランか2塁打ぐらい、つまりなるべく大きな利幅を取ることを目指し、4敗は犠打または普通にアウトになる、つまりなるべく小さな損失で手仕舞うことを目指すんです。ゲッツーなんて取られるようでは、株では勝てません。せっかく6勝しても、4敗が大きな損失では、利益はあまり出ませんから。ライブドアショックで大損を被ったデイトレーダーは、この相場の流れを正しく読めず、損切りが遅くて大きな損失を出してしまった人。技量の差がはっきりと結果に出てしまったのです。デイトレは職人芸。練習つまり経験を積むことが、勝つための大きな要素になってきます。一流のスポーツ選手も練習しているからうまいのです。デイトレも同じ。しかし、ただ闇雲に練習してもダメ。なんでもそうですが、基本を学んでから練習しなければ上達しません。

本書は、デイトレの基本を学ぶための本。本書でコツを摑んで、あとは経験を積んで自分のセンスに磨きを掛けていってほしい、と願いを込めて書きました。そして、一人ひとりが個性ある一流トレーダーになってほしいと思います。05年の8月から、ボクは中長期投資を始めました。打力も走力も守備力も素晴らしい野球選手になりたい。つまりボクは、短期でも中期でも長期でも勝てるようなトレーダーになりたいんです☆　だからボクだってまだまだ勉強中。一緒に勉強してがんばりましょう！

２００６年２月吉日　**三村雄太**

目次

第1章 これが三村式だ!!

ボクが30万円⇓3億円稼いだ秘術を教えます！

第1章 ——これが三村式だ!!

ボクが30万円⇒3億円稼いだ秘術を教えます!

1. 三村クン、3億円超えの道のりを振り返る
2. すべての基本・三村式の考え方5か条
3. 三村式・取引ツールがこれだ!
4. 厳選! 三村式情報ツール
5. 伝家の宝刀「高値掴み高値放し」とは?
6. 三村式・仕手株のシナリオの読み方
7. 最新! 三村式実況中継
8. 最新! 三村クン150銘柄を教えます

1 三村クン【3億円超えの道のりを振り返る】

2006年1月現在、大学卒業間近のボクの資産は3億6000万円ぐらい。

でも、ここまでに至る道は決して平坦ではありませんでした。ボクが株投資を始めたのは大学2年生の春。元手は親からの借金と、虎の子の貯金をかき集めた70万円。手始めに、大好きなセガやソニー株を買って保有していたのですが、結果は散々。わずか半年で30万円に減らしてしまいました。せめて親に借金だけは返したいと思い、**ウォーレン・バフェット**の著書やチャートの本を読んだりしましたが、サッパリわかりません。そんなときに出会ったのが、株情報サイト「カブーフレンズ」。このカブーの会員になった2年生の夏休みから、ボクは本格的に株投資を始めることにしたのです。でも、いかんせん30万円からの再スタート。資金がこれだけ乏しいと、買える銘柄が限られるうえ、たとえ儲けられても利益が薄い。ですから、最初はカブーが推奨する銘柄などを買って細々と商いをしてい

ウォーレン・バフェット
アメリカの投資会社「バークシャー・ハザウェイ」を率いる伝説的な投資家

新興銘柄やIPO銘柄
新興銘柄とは、ジャスダック、東証マザーズ、大証ヘラクレスなどの新興市場の銘柄のこと。ほかに、札証アンビシャス、名証セントレックスなどがある。近年IPO銘柄（新規公開株）の上場が盛んになっており、個人投資家からもプロの投資家からも大いに関心が持たれて盛り上がっている。東証1部などの既存の市場よりも、値動きが非常に大きく、投機的な動きが出やすいことも特徴

ました。でも、少しずつ利益を積み重ねていったこと、ちょっとでも損しそうだったら売るというスタイルが功を奏して、資産は徐々にボリュームアップ。さらに新興市場の爆上げに乗って、大学2年を終えるころには100万円を突破しました。その後、仕手株に全資産を投入し、資産は1か月で一気に4倍に。リスクを取ったおかげで、大きなリターンを得ることができたのです。ここからは、わりとトントン拍子。大学3年生になってから、本格的なデイトレーダー生活をスタートさせ、「勢いのある銘柄の上昇気流に乗る」という方針を固めました。そして**新興銘柄やIPO銘柄**、**仕手株**を中心に売買し、半年余りで1億円を突破。1億円を超えると、そこから先はラクです。張り込む金額が違うので、損切りさえできれば、資産はおもしろいように増えていきます。こうして大学4年生になる頃には資産2億円を達成。昨年前半は主にIPO銘柄で、後半は値動きのある東証1部・2部の銘柄で儲け、冒頭の通り、資産は3億6000万円に到達しています。

最近は、資産保有のリスクヘッジも考えて中長期投資にも挑戦中。こちらは、**ファンダメンタル分析**をきちんとする方法ですが、案外こちらの成績も好調です。詳しい手法などは、後ほどまた説明しますね☆

仕手株
仕手株とは、特に理由もないのに株価が極端に動く銘柄のことを一般に指す。仕手筋と呼ばれる人たちが、意図的に買い上げ、株価を吊り上げる株のこと

ファンダメンタル
決算書に書かれた業績や財務内容など、企業の実力を示す経済情報のこと。そのような情報をもとに、PER、PBRなど、さまざまな指標から投資すべき銘柄を判断することを、「ファンダメンタル分析」という

2 すべての基本

三村式の考え方【5か条】

ボクの株投資哲学は数々の失敗から生まれました。自分が大好きな企業を応援するつもりで買った株で大きく損したり、損切りできずオロオロしていたら売り場を失ってしまったり、押し目を狙って大失敗したり……。今だって、しょっちゅう失敗しています。

ただ、ボクが普通の人より少しだけ株投資が上手だとしたら、失敗から学んでいるから。大損したときは、「あのとき冷静になって損切りしておけばよかった」など、反省し、いつまでもウジウジしないようにしています。よく投資は心理戦だと言われます。まさにその通りで、一番大事なのは一回の売買に、あまり執着しないこと。「損したら取り戻してやれ！」なんて考えず、とにかく最初は損する金額を減らすことが大切です。誰だって、最初からうまくできるはずがありません。たとえできても、それは単なるビギナーズラック。すぐに失敗し、損してしまうはず。

前著の復習になりますが、初心者も損している人も、まずは三村式の考え方を学んで、「損切り」の練習から始め、次に少しの利益を取っていく手法を実践してください。欲張りすぎは禁物ですよ☆

2

【三村式の考え方】

1

勢いのある活況銘柄を狙う

ボクの投資スタイルは〝順張り〟が基本。下がっているときに買うのではなく、上がっているときに買うことがほとんどです。**理由は、「底値」を探ってそこからの上昇を狙うよりも、すでに上がっている「上昇気流」を見つけるほうがカンタンだから**。相場の勢いについていくほうが、断然、儲けの確率が上がってくると思います。銘柄の決め方も「上昇率が高い」ことがポイント。株価上昇率ランキングや売買高ランキングの上位に突如ランクインした銘柄や、IPOホヤホヤ銘柄、決算の上方修正などの「材料株」、あとは仕手株などです。また急騰経験がある銘柄は、何かのキッカケで再急騰する可能性が高いので、再び上昇しないか小まめにチェックします。とにかく、共通点は「急騰していること」なんです。

【三村式の考え方】2

企業を企業と思わない

銘柄はあくまで銘柄でしかなく、「企業」ではないというのがボクの考え方。そもそも短期売買においては、「企業研究」している暇はありません。**短期投資では無情に売買するのが成功のルール。企業への過剰な思い入れはトレードの邪魔になるだけ**です。インサイダー情報でもない限り、「この会社をよく知っているから」なんて理由で売買しても、勝てる可能性は上がらない。ボクも株価の上昇や下降の理由を、ネットでニュースを見て探るぐらいはしますが、それで十分。「強い」と思う銘柄を見つけたら、まずはその上昇理由を探る。そしてチャートを見て、その銘柄のクセを見つける。余力があれば、関連業種や同時期にＩＰＯした銘柄のチャートも見る。そして、今参戦すべきかどうかの判断を下すんです。

2【三村式の考え方】③

デイトレしないのもデイトレだ

本人は気力・体力ともに絶好調なのに、市場の雰囲気が最悪で相場がちっとも動かない……。そんな日は多々あります。「市場の動きが悪い日」とは、日経平均やジャスダック平均が大幅に下げて、値上がり率ランキング1位の銘柄でさえ、前日比4~5%しかアップしていない場合など。こんなときは、さっさとベッドに引っ込んで寝てしまいます。また市場は活発だけど、体調が悪くて判断能力が低下中なんてときもあります。こんなときは頭が働かないので、ムリに売買したって損するだけ。じっと相場を見ているくらいで十分でしょう。**ムリに儲けようとする焦りこそが、失敗の元**なのです。株投資の先達は「休むのも相場」、なんてうまいことを言いましたが、まさに言いえて妙。肝に銘じておきたいですね。

2【三村式の考え方】4

損切りこそ命

よく、株投資の本には〝5%ぐらい下げたら自動的にカットしろ〟なんて書かれていますが、ボクから言わせればそれでは遅い。**上がるという予想に反して下げたら、たとえ1円の下げでも損切り。そして、さっさと次の銘柄を探す**のです。もし損切り後に再度上昇したら、また買えばいい。この手間と手数料を惜しんではいけません。また、**短期投資で「ナンピン」は厳禁**。予想はとっくに外れているのですから、執着するのはやめましょう。**さらに絶対禁止なのが「塩漬け」**。損が増すリスクを抱えることになるうえ、塩漬け銘柄をホールドしている資金がもったいない。さっさと売って次の銘柄に投資すべき。ただし、チャートの形が強く買い値付近で「横ばい推移」している場合は、まだ強気でいいでしょう。

ルールを作らず雰囲気重視

これまた**株投資の本には、よく「ストキャスティクスが大底から上がり始めたら買い」**だとか、**「PERが○倍以上は買うな」だとか書かれていますが、ボクは短期投資においては、まったくアテにしていません**。それよりもボクが重視するのは「相場の雰囲気」。「銘柄の強さ」を読むのです。例えば最近ＩＰＯした銘柄で、上場初日に高い初値をつけたら、翌日もその期待値で高騰する可能性が高いので、まずは買って様子見する。そして、まだ買いは続きそうか、ただの上場のお祭りで終わってしまうのか、板や歩み値、分足などから雰囲気を読むのです。この雰囲気を知るには経験を積むしかありません。初心者はとにかく売買しなくても相場を見て、気になる銘柄のクセなどを知り、雰囲気を掴むことです。

3 【三村式・取引ツールがこれだ！】

ここでは、三村式ネット株投資に必要な取引ツールについて説明します。

まず必要なものは、当然のことながらパソコンです。これについては、**よく「超ハイスペックなパソコンが必要ですか？」と聞かれるのですが、使い慣れた普通のパソコンで十分**です。今ボクが使っているパソコンも、ＤＥＬＬの家庭用です。**ただし、２台以上持っていると取引がグッとラク**になります。なぜなら１台を取引に使いつつ、もう１台で市況ニュースを見たり、ヘッドラインを流し読みできたりするからです。今のボクの基本は、１台をネット証券の取引画面にし、もう１台で銘柄ボードをチェックし、さらにもう１台で日経平均やマザーズ指数の３分足を表示しておくというスタイル。こうしておけば、市況の変化に即対応できます。さらに、値動きが連動する銘柄のチャートを見比べるうえでも、２台以上あると有利。もちろん１台でも問題ありませんよ～☆

次に通信環境について。ネットで株投資をやるには、パソコンのスペック云々より、安定した高速通信に接続されているかどうかのほうが、はるかに重要です。そうでないと、秒単位で刻々と変わる株価に対応できません。「こりゃ、売りだ～！」なんて焦っているときに、「接続が解除されました」なんてパソコン表示が出てしまったらシャレになりませんよね？　通信環境一つで大損することもあるので、まだブロードバンドに対応していない人は、今すぐにでも光ファイバーか、せめてＡＤＳＬぐらいにはしましょう。

イー・トレード証券も使い出しました（笑）

最後にネット証券の選び方について。以前は楽天証券だけ使っていたボクも、今は楽天以外にイー・トレード証券も使っています。使用する証券会社を１社に限定する必要はありません。**証券会社を手数料の安さだけで選ぶのは危険**です。**それよりも重視すべきは、システムの安定性とソフトの使い勝手**。手数料が安い

これが三村式の
最新!
デイトレ武装!

からといって、「何度も連続してシステムが止まった」なんて証券会社は避けましょう。その間、市場が急変したら目も当てられませんから。

それ以外では、①完全リアルタイムの株価自動更新機能が使えること、②ループトレード（同一受け渡し日の同一資金での別銘柄への乗り換え売買）ができること、③投資情報ボード上で売買できること、④投資情報ボードが自分仕様にカスタマイズできること、などの点から選ぶといいと思います。

4 厳選！【三村式情報ツール】

銘柄選びに欠かせないのが情報です。といってもボクはただの平凡な大学生。おいしい業界情報はまったく入ってきません。ですから、ボクの情報源はネットからがほとんど（最近は、相場が終わった後、ゆっくり日経新聞に目を通したりはしていますが）。中でも重要視するのがランキング関係です。株価値上がり率ランキングと売買高ランキングは真っ先にチェック。そして上位銘柄の日足チャートの形を見て、チャートが25日**移動平均線**を上抜いていた場合は、銘柄ボードに登録し、売買リストに加えます。

それ以外でチェックするサイトは次の3つ。「マネックスナイター・ランキング　買付取引未成立」、「コロの朝！」、「カブーフレンズ」（有料サイト）です。ちなみに、ちょっと宣伝になりますが、このカブーフレンズでは、ボクが毎週火曜日と木曜日更新の連載を持っているんですよ～☆。

移動平均線
過去の一定期間の終値の平均値を結んだ曲線のことで、チャート分析の基本となる指標。その期間は5日から25日、75日など、短期から長期までの移動平均線がある。移動平均線は特定の日の変動に左右されにくいため、相場の転換などの大局を判断するには有効。一般的に、移動平均線が長いほど、正確に相場の転換が見極められる

マネックスナイター・ランキング（買付取引未成立）

ここを見れば、前夜のうちにどんな銘柄が売買されていたかがわかるので、今日の相場を占ううえで役立つ。注意点は、「買付取引未成立株数」を見ること。夜間取引が「未成立」ということは、翌朝買いが殺到する可能性が高いから（最近は必ずしも翌朝の取引動向とリンクしないので、アテにしすぎるのは禁物by三村）。

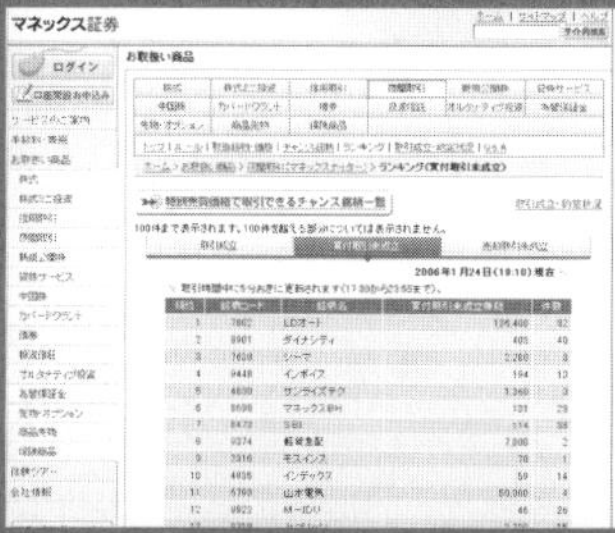

http://www.monex.co.jp/StockOrderConfirmation/00000000/nighter/ranking/kai_odr_exec

コロの朝!

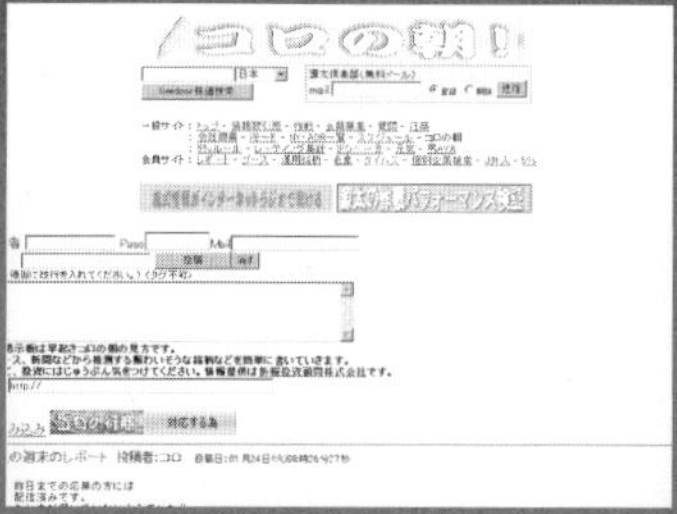

サイトの主宰者は、株一筋30余年という大ベテラン。仕手筋のことを知り尽くしているので、情報の信頼性が違う、と三村クンも仕手株を探すのに重宝している。仕手株の情報以外にも、株式投資するうえで有り難い「心得」もたくさん書かれているので、株初心者にも役立つサイトだ。「人気株・特選株」「銘柄研究」など、豊富なコンテンツの中でも、特にザラ場中にリアルタイムで情報が更新される「トレードの森」の書き込みがアツい。

http://www.asset-jp.com/cgi-bin/minibbs5.cgi

カブーフレンズ

三村クンが毎朝、寄り付き前に見ている「コロの朝!」。市況や、株価の上昇・下降の命運を握っている様々なニュースも、これさえ押さえておけば十分。わざわざ日経新聞や経済情報誌を熟読する必要なし！　という優れたサイトだ。NY株式情報、景気の月例報告、決算発表情報、新規公開情報、各社の設備投資情報、倒産情報、株式分割情報などのニュースが、箇条書きで簡潔にまとめられているので、すべて見るのに3分もかからない。

http://www.kaboo.co.jp/friends/

5 【伝家の宝刀 高値掴み高値放しとは？】

次にボクの代表的なトレードテクニック「高値掴み高値放し」について解説します。何度も書きましたが、ボクが扱う銘柄は強い上昇エネルギーを持つ銘柄ばかりです。底値の銘柄が上昇する「初動」を見つけることもありますが、これを発見するには経験が必要（見つけ方については後述します）。ボクでもそうそう発見することはできません。ですから、**ボクが参戦するのはすでに上昇段階にある銘柄がほとんど。だから、「エッ」というほど高い買値で買うことも多々あります。でも、高値で買うのは「さらに上昇する」という予測があってこそ。予測が外れたらさっさと売るまで**です。

では具体的なテクニックについてお教えしましょう。**まずは、ストップ高もしくはストップ高付近に上昇した銘柄を買って、翌営業日まで持ち越して、勢いがあるうちに売るパターン**。例えば２０００万円儲かった「アドバンスト・メディ

寄り付き
取引所で取引が開始されること。あるいは、その日最初に成立した取引のことをいう。単に寄り付きという場合、前場の寄り付きを指し、後場の寄り付きをいう場合は「後場寄り」という

ア（３７７３）」もこのパターンでした。この銘柄は05年6月27日にマザーズに上場し、初値は翌28日に公募値を4倍以上も上回る70万円ちょうど。29日にはストップ高となり、81万８０００円の高値をつけました。この日は**寄り付き**からして、ストップ高気配で、すぐストップ高になったので「これは強いな」と踏んで、１００株大人買い。読みは当たって、翌30日も91万８０００円で再びストップ高。持ち越して、7月1日に98万８０００円で50株、１０２万円で50株売りました。「ぐるなび」や「コーエーネット」「ガンホー・オンライン・エンターテイメント」なども同じパターンで連勝しています。ここまで書くとお気づきの方も多いかと思いますが、ボクがこの技を使うのは「ＩＰＯホヤホヤ銘柄」が多いので、みなさんもＩＰＯ銘柄の相場を見て、まずは売買シミュレーションするといいと思います。**次に多いのが、仕手株の「高値」に乗ること**です。「大口についていく」というのがボクのトレードの大事な考え方。だから仕手株はボクの格好の狩り場です。**ボクが参戦するのは、例えば東証1部銘柄だったら、急に4000万株以上の出来高があったとき**。この場合、大口が売ったらボクも売りが基本スタンス。ただし仕手銘柄は「**見せ板**」など紛らわしいことも多いので、経験と訓練が必要

見せ板

「板」とは、銘柄別に出された、指値ごとの注文株数のこと。「売り板」と「買い板」がある。そして見せ板とは、約定する気がないのに出している指値注文の板のこと。相場操縦に該当するもので、証券取引法違反になる行為である。見せ板を出していることが発覚すると、証券取引等監視委員会から摘発されて検察庁に告発されることもありうる。しかし実際には、見せ板と思われるような板、見せ板に限りなく近い板が頻繁に見受けられる。例えば、買う気がないのに大きな買い注文を下値で入れてくる場合などは、それにつられてほかの投資家が上値を買いに来たところで、見せ板を出した投資家が売り注文をぶつけている可能性がある。こうした見せ板につられて株を買ってしまうと、損害を受けることがある

です（仕手株の扱い方については次にお話しします）。トレードの話に戻しましょう。持ち越す場合のポイントは、その日の終値で判断します。あまり高くなかったら翌日の寄り付き付近で売り、早々に利益確定する。高かった場合は、板や歩み値、分足チャートや、連動する銘柄のチャートなどを見ながら、売りどきを判断します。**また、最近多いのが「三角保合い」（株価が上がっては下がり、下がっては上がりして調整し、次第に上下の幅が狭まる状態のこと）のチャートを描く銘柄に狙いを定め、上昇気流に乗るやり方。**「三角保合い」を描いたチャートはまた、何か月か後に繰り返す場合が多いので、小まめにチェックしておくといいでしょう。

最後に、「高値摑み高値放し」のリスクについて触れます。この手法は高値で買っているだけに、失敗すれば大損になりかねません。値動きの荒い銘柄は、ストップ高が崩れて、一気にストップ安なんてことも。**こんな最悪の事態を避けるためには、買い板が薄くなり、勢いがなくなったら、すぐに売ること**です。たとえ買値より下げていてもです。それ以上の損失を防ぐためにも、早めの利益確定と損切りだけは欠かせないので、しっかりと頭に入れておいてください。

今夜は泊まっていきな。
三村
株ストップ高

6 三村式【仕手株のシナリオの読み方】

ここでは、ボクが大好きな仕手株の扱い方について説明します。まずは簡単に仕手株とは何かについて説明しますね。仕手株とは仕手筋の儲けの餌食にされた銘柄のこと。仕手筋とは、株価を操る投機集団のことを言います。彼らの手法は、特定の銘柄に大量に資金を投じて株価を吊り上げ、一般投資家の買いや**空売り**を呼び込んでさらに株価を吊り上げ、一気に売ってサヤを抜くのが典型例。仕手筋の手に掛かれば、短期で2～5倍の株価に跳ね上がるなんて珍しいことではありません。最近では、好**材料**のニュースがあり株価が上がった銘柄に、大口の投資家が大量の資金を投じて、相場が「仕手化」することも多々あります。

リスクの高い投資なので、慎重な売買が求められますが、株価の上昇が半端じゃないので、流れに乗れば大儲けすることも可能です（失敗すればそれこそ散々ですが……）。

空売り
他人から株券を借りてきて売却すること。株式を持っていない投資家が証券会社などから株券を借りてきて、その株式の売却を行う信用取引の一つ。「信用売り」ともいう。空売りは、近い将来に株価の下落が予想されている局面で、投資家にとって有効な取引手段。なぜなら、借りてきた株券は一定期間後に証券会社に返さなければならないが、売却時の株価よりも、あとで安く買い戻すことができれば、その差額が投資家の利益となるから

【三村式・仕手のシナリオを解読するための5つのポイント】

では、扱い方について説明しましょう。コツは、「仕手筋のシナリオ」を先読みすることです。自分が仕手筋になったつもりで、株価の変動の「理由」を探り、先を予測するのです。**仕手シナリオ解読のポイントは以下の5つ**です。

①仕手株の「祭り」はいつ始まったのか？
②これからどのぐらいの株価にまで吊り上げようとしているのか？
③どこの仕手筋がいくらぐらいの資金量を投じているのか？
④空売りは入っているのか？　空売りの踏み上げ相場をたくらんでいるのか？
⑤個人投資家の「振るい落とし」はあるのか？

順を追って解説します。まず、①について。「仕手株祭り」のスタートは、異常な出来高の増加を見れば一目瞭然です。05年の2月25日には東都水産という銘柄の出来高が1億2000万株超という信じられない数字になったこともありま

材料
企業業績や新製品の情報など、株価に影響を与える要因のこと。株価を下落させるような要因を「売り材料」といい、株価を上昇させるような要因を「買い材料」という。そうした材料を持っている銘柄のことを「材料株」と呼ぶ

した。案の定その後、株価はグングン上昇しました。

前にも書きましたが、**一般的に通常出来高100万株未満の東証1部・2部銘柄が出来高3000万~4000万株を超えたら、「祭り」の開始だと判断**していいでしょう。

次に、②の仕手株の「天井」の見極め方についてです。**仕手相場のチャートはよく、「3つの山」になることがあります**。第一の山は、前述した通り出来高が急に増え、それまでの横ばい相場が一気に上昇した状態。この急騰で、一般投資家の買いが殺到し、株価が2倍3倍になることもあります。第二の山は、第一の山の直後に起こります。ところが、高値は第一の山ほど続かず、第一の山の押し目付近にまであっという間に下降します。第二の山の「頂上」は、第一の山の頂上が目安となります。第三の山は、第二の山の頂上には届かず、すぐに先の2つの山の底値圏にまで簡単に下げてしまいます。この間の出来高は、ほとんど増えず、祭りは次第に先細り。このあたりになると、大口の売りが増えるなどして、株価は急落の兆候を見せ、逃げ遅れた個人投資家が殺到します。

仕手相場のすべてがこのようなシナリオ通りに進むとは限りませんが、1つの目安にしておくといいでしょう。**仕手筋に狙われる銘柄は、だいたい決まっているので、「天井」は「以前の急騰の最高値」が目安**となります。

③の仕手株が投入する資金量についてですが、これを目算することは「仕手株の気合い」を図るうえで参考になります。

例えば、仕手筋が1株300円の銘柄を3000万株買った場合、仕手筋は、実に90億円もの先行投資をしたことになります。ということは、それ以上に儲けるため意地でも株価を上げてくるでしょう。かなりの確率で高くなるはずです。

では、個人投資家はどうしたらいいか？ **出来高の急増という「初動」をとらえていたら、強気買いしてみるといいでしょう**。とはいえ、株価が急騰を続けると、仕手筋は一気に「個人投資家の振るい落とし」にかかるので、パソコンの前に張りついて板や分足チャートをひっきりなしに確認することが重要です。ちなみに、**出来高が少ないのに簡単にストップ高になるような銘柄は避けたほうが無難**。なぜなら、仕手筋はちょっとの資金で株価操作ができるので、シナリオが読みにくいからです。

次は、④の「空売りの踏み上げ相場」について。これは、仕手筋の代表的な株価操作のやり口です。**仕手筋は自分たちが儲けるために、わざと個人投資家の空売りを呼び込む**のです。手順はだいたいこんな感じです。まず仕手筋は、先行投資して株価を急騰させます。そして、個人投資家に「さすがにこれ以上は上がらないだろう」と思わせて空売りを呼び込みます。次に、さらにもう一段株価を吊り上げて、空売りした個人投資家を脅かします。空売りした人たちは、予想に反して株価が上がってしまったので、評価損を抱えることになります。信用取引はそもそも、証券会社に委託保証金を払って行うものですが、評価損を抱えるとこの保証金が減っていきます。これが一定の金額を下回ると、追加で保証金を払わなければならなくなるのです。払えない人は強制的に反対売買させられる羽目になり、結果として損失覚悟の買い返済が続出し、さらに株価は上昇。そこを利食って、利益を上げるのです。

恐ろしいでしょ？　だから、ボクは空売りが好きじゃないんです。みなさんも気をつけてくださいね。

最後は、⑤の「振るい落とし」についてです。何度も言いますが、仕手筋とは意図的に株価を操作する軍団です。ですから、株価を意のままに操れなくなる「障害」はバッサバッサと振るい落としていきます。真っ先に振るい落とされるのが、「チョウチン」と呼ばれる個人投資家です。「チョウチン」とは、仕手筋の売買に便乗して儲けようとする人のこと（ボクもチョウチンかな？・）。仕手筋からしてみたら、チョウチンがつきすぎると相場が重くなり、意図的に株価を操りにくくなります。そこで、一時的に株価を下落させて、祭りが終わったかのように見せかけるのです。こうして、相場を身軽にしたら、後は先に述べた通り、空売りを呼び込むなどして、再度株価の上昇を図るのです。ちなみに「振るい落とし」か、本当の下落かどうかはボクでもなかなか判断はつきません。ですから、一度下落したのに、再び上げてきたら「さっきのは振るい落としだったんだな」と今後の予測の目安にするといいでしょう。**ボクは、慎重派なので「これは振るい落としかな」と予想したとしても、いったん下げたら売ります。そして、また上げてきたら買いを入れる**のです。

仕手相場は、何が起こるかわからないので、そのくらいのリスク管理体制で挑むのがいいと思います。

7 【最新！三村式実況中継】

資産3億6000万円を超えた今も、ボクは相変わらず毎日相場に張りついています。前著では1日300万円稼ぐトレードをお見せできました☆　今回もまた、読者のみなさんに「三村式」を体感していただくために、ボクの平凡なトレード風景を、実況中継形式で報告したいと思います。今回も、SPA！取材班の方々がボクのデイトレを撮影してくれました。前著に続き、ボク自身がその様子を振り返ってみたいと思います。

撮影日は、みずほショック翌日の05年12月9日。今日の相場は大荒れ!?

この日05年12月9日は、みずほ証券がマザーズに新規上場した**ジェイコム（2462）**株の発注ミス事故を起こした翌日。相場全体は荒れ模様？と、内心ヒヤヒヤしていました。実は、ボクも昨日のドサクサで、ちゃっかりジェイコム株を50株買い、翌日に持ち越していたんです。せっかくSPA！取材班が来てくれるんだし、何かネタを仕込まなきゃって思ったんですよ～☆　というのは冗談で、まあ、騒ぎに乗じて利食いするのもボクの身上の一つですから。さて、前日より持ち越した銘柄は、次の3つです。

ジェイコム（2462）平均買付単価77万2060円×50株
サンライズ・テクノロジー（4830）平均買付単価236円×8万株
グランディハウス（8999）平均買付単価70万円×20株

ちなみに、この日は先ほど書きましたが、みずほ証券のジェイコム株誤発注事故があったので、ボクにしては珍しく、**みずほフィナンシャルグループ（8411）**を空売りしてみました。

みずほフィナンシャルグループ（8411）88万9000円×25口空売り

その他、参戦を検討していた銘柄は、**フリード（9423）**、**住友石炭（1503）**、**ラヴィス（2465）**、**ブイ・テクノロジー（7717）**などです。

この日ボクが持ち越していたサンライズ・テクノロジーは、11月30日に発表された決算の黒字転換が理由で爆上げしていた銘柄です。まず12月1日に、108円でストップ高をつけました。2日も158円のストップ高。翌営業日の5日も208円のストップ高と3連騰。「さすがに天井だろ」とヒヤヒヤした12月6日も続伸し、7日はストップ高をつけてから一気に下落しました。ここまでくると、明らかに好材料だけが原因で買われているとは到底思えません。「仕手化」した典型的な値動きです。そしていよいよ8日。さすがに相場は過熱気味に。217円まで下げたかと思うと、また248円まで上げ、またまた194円まで下げるなど乱高下。ボクはその最中、平均買付単価236円で8万株を仕込んでいたのです。

9時0分 待ちに待った取引き開始。みずほショックの影響や如何に!?

9時0分——。いよいよ市場オープンです。前日のみずほショックで相場は荒れると思いましたが、日経平均は逆に強い指数を示しています。相場の読みを誤りました。ところで、持ち越したジェイコムの取引はどうなるんでしょう。ニュースを見ると……。今日は取引停止。みずほの誤発注の後、個人投資家の買いが大量に発生していたので、急騰を期待したんですが……。まあ、いいでしょう。

さて、それではサンライズ・テクノロジーはどうなっているでしょうか? うーん、寄り付き前の気配はあまりよろしくなかったですからね。いくらなんでもそろそろ天井でしょう。前日より上がったとしても、寄り付きだけかも。どれどれ、板を見ます。あ〜、ダメだ。急落を恐れた投資家の狼狽売りが殺到しています。ボクも早々に売り注文です。でも、どうなるかわからないので、保有株の半分はホールドします。このように、値動きが激しい銘柄をホールドしていて不安になったら、ボクは少しずつ手放すようにしています。

少しずつ売るというのは、リスク分散のうえでとても重要。例えば調整段階で上がるか下がるか判断がつかないとき、あまりに多額の資金を投入しているときなどに使える手です。みなさんもぜひやってみてください。特に、サンライズの場合は、すぐ売り気配になってしまうので、少しずつでも売って損切りなり、利益確定なりをしていくことが欠かせません。

9時4分——。サンライズ・テクノロジー4万株が234円で売れました。昨日の仕込み値より2円安いので、現地点で8万円の損です。でも、損切りは早いに越したことはありません。

さてグランディハウスはどうでしょう？　うーん、これは12月6日に上場したばかりの銘柄です。初値は、公募価格の50万円を上回る60万1000円だったのですが、その後、順調に上げていました。ところが、今日は売買がさほど活発じゃないのが気になります。ちょっと様子見しましょう。様子見しないことには、予測もできませんからね。

では、前日、空売りしたみずほフィナンシャルグループは？　みずほ証券のミスをグループが全面支援するというニュースがあったので、「急落するかも」と空売りしてみたんですが、思ったより株価は下げていませんね。予想が外れたかなぁ。まぁ、25口ですので様子見です。

様子見している間も、目まぐるしく**オリジナル設計（4642）、日本ERI（2419）、ライブド**

アオート（7602・旧ジャック・ホールディングス）などを巡回します。**オリジナル設計は、通称「姉歯銘柄」。姉歯氏が、耐震構造計算書偽造をやらかして以来、耐震装置を売っている会社や建設設計会社などの銘柄が「仕手化」して、高騰**しているんです。姉歯銘柄はほかにも、**日本工業検査（9784）**、**第一カッター興業（1716）**、**構造計画研究所（4748）**、**協和コンサルタンツ（9647）**などがあります。チラホラ、眺めていると楽しいですよ～☆

9時15分 今日の値上がり率ランキングをチェック！ 勢いのある銘柄を探す

9時15分――。そろそろ、値上がり率ランキングでも見てみますか。今日は**ライブドア（4753）**が強いですね。ライブドアは子会社のライブドアファイナンスが、前日8日に**ダイナシティ（8901）**株を2割取得したことが材料になって買われている模様。どうしよう～、買っちゃおうかな～。

ところでサンライズ・テクノロジーは、その後どうなったかな？　あっ！　予想通り下げています。でも、まだどうなるかわからないので、残りの株はホールドします。この銘柄は値動きが激しいので先が読みにくい！

グランディハウスは……。あまり勢いが感じられません。IPOマネーゲームの狂騒には巻き込まれていないようです。う〜ん、どうしよう……。

9時16分――。**住友石炭が上げています。原油高で、石炭需要が増えるというので突如人気化した銘柄です。そんなにたいした材料ではないはずなのですが、大口の投資家が資金を投じているのでしょう。**

株価は、数か月横ばい推移が続いた後、ここ数日で1・3倍ぐらい上げています。怪しい動きです。でもボクは、こういう怪しい動きは大好き☆　ようーし、買いましょう。214円で5万株買いました。

9時28分――。もうちょっと上がるかと期待していたグランディハウスの板が、もみ合っています。こうなったら、早めに利食いします。70万4000円で20株売りです。せっかく期待して持ち越したのに、利益はたったの8万円。まぁ、損しなかっただけ、よしとしましょう。

9時30分――。そのグランディハウスが売れた瞬間から上げ出しています。小憎たらしいですね。どうしよう……。分足を見ると……。あっ、これは強い。急騰しています。これは買いです。成り行き買い注文を入れ、平均71万2000円で20株買えました。

9時35分――。前日、88万9000万円で25口空売りした、みずほフィナンシャルグループが、予想に反してジリジリ上げています。あ〜もう、だから空売りは苦手です。早めに損切りましょう。今回は、「赤字決算」などの深刻な悪材料ではなく、ジェイコム騒動という一時的な悪材料だったので、さほど株価に影響はなかったんですね。予想が外れました。89万5000円で買い戻しです。15万円の損失です。うわ～、今日はイタイ出だしです。
9時36分――。住友石炭はどうだ！　あっ、これまたイタイ。でも、ちょい下げです。ハイ、こういうときは機械的に損切り。210円で5万株放出です。20万円の損。売らされてしまいましたね。最近は、毎月2000万円ずつ増やしているボクですが、今日は絶不調です！
9時41分――。気を取り直して、前日、ジャスダックに新規上場したラヴィスはどうでしょうか？　前日は公募価格の23万円を80％上回る初値をつけ、一時は43万9000円まで上げたのですが……（終値は37万3000円でした）。おっ、なんと今日はストップ高気配です。41万9000円と42万円で合計30株買えました。そして買った直後にストップ高。これはいけそうですね。もうちょっと買っておけばよかったかな☆

9時47分　カブーフレンズの「トレードの森」をチェック！　ザラ場情報を見る

9時47分――。グランディハウスが順当に上げています。**最近のIPO銘柄は、上場2日目に初日の高値を抜いたら、だいたいその後も強い傾向**にあります。
そろそろ恒例のカブーフレンズの「トレードの森」を見ます。「トレードの森」は、カブーフレンズの代表が、多いときは10分おきぐらいにザラ場情報を流してくれる貴重なコラム。銘柄情報の合間に書かれている「動きがなくなったら普通の人は、〝上がる〟と思う、だが儲かる人は〝下がる〟と思う。この違いが大きな差」といった投資哲学が、おもしろくて励まされるんです。

9時54分――。さっき買ったラヴィスのストップ高が崩れそう……。こうなったらとりあえず、投げましょう。42万３０００円で30株売れました。約10万円の儲けです。**危ないと感じたら、利益確定は早めにしなくてはいけません。また買い気配になったら、買えばいい**んです。

9時55分――。**ラヴィスが、また買い気配。こうなったら買いにいきますよ～**。42万３０００円で30株買えました。

9時58分――。サンライズ・テクノロジーの行方が気になります。すると、激しく乱高下しながら一時２１０円にまで下げています。えーい、残り４万株も成り行き売りです。平均約定単価２１８円で損切りできました。約70万円の損です。イタイ！　損切りが遅れてしまったのが敗因ですね。

10時1分――。マザーズ指数の上昇に伴い、ブイ・テクノロジーが上げてきました。今日は、全体的に新興市場に資金が流入しているみたいです。１０７万円で30株買います。

10時8分――。11月30日にジャスダックに新規上場したフリードの様子をチェックします。板を見ると買い板が優勢です。10株だけ買おうかな……。やっぱり買いません。なんとなく、買う気になれません。雰囲気が悪い。フリードは日足で見ると、3日前に天井を打ちました。今日は、前日の天井を抜いてきましたが、上値は重いかなと思います。ボクはこうした直感も重要視しています。

10時17分 ガンホーの強い上げに便乗も高値掴み!? 買って5分で損切り

10時12分――。**ガンホー・オンライン・エンターテイメント（3765）**が強い上げ。分足で見ると、すごい急伸です。この銘柄は8月31日の5分割後、300万円から700万円まで上げるぐらい急騰したのですが、その後ズルズル下げ、そしてまた上げてきたのです。出来高も増えているし、値上がり率ランキングでも上位だったので、注目していた銘柄です。238万円で10株買いました。

10時14分――。ブイテクが買ってから全然動きません。おもしろくないので、買った107万円のまで指値売りします。無事、107万円で30株売れました。なんだか今日は、調子が悪いですね。まぁ、こんな日もあります。

10時17分――。ガンホーが動きません。高値掴み高値放しに失敗してしまったかな。株価は237万円に落ちました。怖いので、半分の5株を237万円で売ります。

10時18分――。ガンホーがまったく動きません。もう待っていられません。残りの5株も237万円で損切りです。今日は、売らされるな〜。

10時24分——。ライブドアが急騰してきました。分足で見ると、寄り付き前の気配値を抜いてきそうな勢い。**ボクは、3分足チャートの25本線を上抜く高値をつけると注目するんです。さらに、3分足で見る直近の山（高値）を上抜きそうだと「強いな」と確信します**。今のライブドアがまさにそうですね。638円で10万株買います。

10時27分——。グランディハウスの売りが増えてきました。イヤな気配……。早々に引きましょう。72万5000〜8000円の間で20株、無事に売れました。約30万円の利益ですね。ホッ。

10時28分——。うわー。ラヴィスが崩れてきています。売りが増えています。あー、もう怖いので成り行きで30株売っちゃいます。平均41万3000円で売れました。

10時40分——。ライブドアが順調に上げています。いつ売るかタイミングを見計らって、642円で10万株売りました。40万円の利益です。今日はかなり強いので、また上げるかもしれません。

10時45分——。気になる銘柄を巡回します。**ディー・ディー・エス（3782）**と**ナノ・メディア（3783）**は、それぞれ11月28日と29日にマザーズに新規上場しました。この2つは値動きが似ています。特に、6日あたりから3分足で見ても異常に似てきたので、株価の予測がしやすいんです。

10時50分——。ライブドアがどんどん上げています。一体誰が買っているんだか。さっき売らなきゃよかったかも。でも後の祭りです。また参戦時期をうかがいましょう。住友石炭もまた上げてきました。でも、いつ買ったらいいかタイミングが読みきれません。こういう銘柄は買ってもまた損切りさせられる気がするなぁ。そうこうしているうちに前場が終了です。

12時41分 日経平均上昇▼銀行株が強い▼ソフトバンクも強い、の連動を狙い撃ち！

12時30分――。後場スタート。

12時36分――。ガンホーが買い気配です。迷いましたが、243万で指して5株買いました。

12時39分――。マズいことにガンホーが売り気配。241万円で5株損切りしました。10万円の損。

12時41分――。**ティアック（6803）**を買います。同銘柄は投資ファンドのもとで再建中なのですが、12月7日に**パイオニア（6773）**と業務提携するという発表があって、ストップ高になったんです。ヒマだから、210円で2万株買ってみます。**おや？ 日経平均が上がってきたので、銀行株が強いですね。こういうときは、ソフトバンク（9984）など、ベーシックな銘柄が強い**のです。ソフトバンクは、銀行株や日経平均の動きと、わりと連動するんです。案の定、高騰していますね。1万3000円で5000株買いました。

13時0分――。ソフトバンクがあっという間に1万4３０円に。さらに2分後1万4８０円に上がってきました。でも歩み値を見てみると、チラホラ1万4７0円も出てきた。う―ん。調整でしょうか。

13時5分――。ソフトバンクの板で、売り板と買い板の熱い攻防が続いています。歩み値で確認すると、今1万5００円の値がつきました。3分足もチェックします。直近の高値を上抜くと強い証拠。うん、超えてきそうですね。どこで売ろうかな。

13時9分――。ソフトバンクが1万4９0円の攻防に。こうなったら売りです。あっ、でも売れない。指値を下げます。1万4５0円で５０００株売れました。とりあえず75万円の利益です。

13時20分――。ソフトバンクが一時下げたのに、また1万5４0円を超えてきました。でも、もう参戦する気がしません。調整段階でトライしても、たいして儲かりませんからね。

13時22分――。住友石炭が今朝の高値２１５円を上抜いてきました。再び参戦です。10万株買います。２１５円のところに90万株もの売りがあったので、２１５円で指します。２１５円で5万株買いました。**ところが、90万株もの売り板が、あっという間に消えました。これは見せ板かな？** 仕手筋による個人投資家の振るい落としでしょうか。住友石炭は、石炭需要が増えるかも？という程度の材料はありましたが、それにしても買われすぎです。明らかに筋が入っているとしか思えません。仕手筋は、自分たちで好きに相場を動かしたいので、相場を重くする個人投資家を振るい落とそうと、見せ板などをして、一時的に株価を下落させて、相場が終わったかのように見せかけるんです。怖いですね。

13時34分——。住友石炭がちょっと下げてきました。やっぱり、振るい落としだったと思います。さらに213円で5万株買い増します。

13時54分 ソフトバンクとの連動で、今度はSBIホールディングスを狙う!

13時54分——。ソフトバンクがまた上げてきました。では、**SBIホールディングス(8473)**はどうでしょうか。あっ、ストップ高です。7万500円で200株買います。

13時56分——。さっき買ったSBIが崩れてきました。弱いストップ高でしたね。こんなのは持ち越せません。さっさと損切りします。7万200円で200株売れました。6万円の損です。

14時13分——。住友石炭が213円のまま株価が動きません。なんか重い相場ですね。こうなったら保有株を減らします。213円で5万株売りました。

14時18分——。日経平均の上げに追随するかのように、またソフトバンクが上げてきました。1万840円です。SBIは? 7万500円です。横ばい推移でじんわりと上げています。また、ちょっと買ってみましょう。7万500円で500株買います。

14時34分——。ライブドアが調整の後、今日の高値を上抜いてきました。買いましょう。指値注文で、654円で5万株、655円で5万株、合計10万株買いました。

14時35分——。SBIが下げています。なんだか損切りばかりさせられていますが、躊躇なくまた損切りです。7万100円で500株売ります。20万円の損です。

14時41分——。うわっ、住友石炭が上げてきました。また217円で5万株買いました。

14時40分——。**なが多（9822）**がアヤしい動きをしてきました。宝石屋のようですが、株主や販売形態がコロコロ変わったりして、そのたびに株価が動くんです。特に11月から、かなり上げてきている銘柄です。日足で見ると調整後の上離れという感じ。123円で10万株買ってみましょう。

14時44分——。ライブドアの値動きが鈍化しているので、とりあえず654円で5万株売ります。

14時47分——。ティアックがイヤな下げです。でも、まぁそんなにたくさん持っていないので、このまま放っておきましょう。ライブドアは650円まで下げました。残りの5万株も売りです。25万円の損です。

14時56分 住友石炭で約100万円の儲け！　これで何とか今日はプラスか!?

14時52分——。住友石炭が上げています。なんだかパワーが違います。

14時56分――。住友石炭を225円で10万株売りました。100万円の儲けです。

14時57分――。ライブドアがまた上げました。持ち越し用に658円で5万株買っておきましょう。

14時58分――。やっぱり持ち越したくないので、ながが多を売ります。122円で10万株売りです。10万円の損です。

15時0分――。ライブドアが上げています。これは強いな。659円でさらに2万株買いました。

結果発表！ 今日は、さんざん売買しましたが、出来は最悪でしたね。そもそも、「みずほショック」で相場は荒れるという予測が外れ、日経平均もマザーズ指数もよかったので、この時点で失敗でした。でも、これを見て、ボクがどのぐらいのスピードで大量に損切りしているかがおわかりいただけたのではないでしょうか？ ちなみに、この日、前場で売っておいたグランディハウスは後場で大きく下げていたので、早めに売っておいて正解でした。ラヴィスもそうです。結局、終値はたいしたことなかったので、長く保有していたらもっと損をしていました。このように、IPO銘柄は値動きが激しいので、少しの利益で確定、少しの損で損切りを徹底してください。

では今日の結果発表です。以下は手数料等の諸費用を引いた金額。翌日に持ち越した銘柄を除くと、

住友石炭鉱業　＋68万9500円

ラヴィス　－19万2000円

ガンホーオンラインエンターテイメント　－20万7500円
ライブドア　＋13万8000円
サンライズ・テクノロジー　－79万4220円
ブイ・テクノロジー　－4500円（手数料）
SBIホールディングス　－26万9000円
グランディハウス　＋37万2500円
ながの多　－10万3000円
ソフトバンク　＋74万7000円
みずほフィナンシャルグループ　－15万円

合計で＋22万6780円でした～☆。今日の結果は……、イマイチですね。12月は、久しぶりにIPO銘柄が多くて絶好調だったんですが……。慣れない空売りをしたことと、やはりサンライズ・テクノロジーの損切りが、ボクにしては遅かったのが痛手でした。ただ、寄り付きの段階で半分放出していなければ、さらに60万円ほど損していたところ。月平均2000万円稼いでいるボクにとって、失敗といえるトレード。ですが、株投資はむしろ失敗から学ぶことのほうが多いんです。ぜひ参考にしてください。でも、もっといいところを見せたかったなあ～☆

三村式「板」読み術を披露します！

12月20日のニッシン（8571）株の値動きを例に三村クンが解説！

現時点での売りと買いの状況が表示された「板」。この板からどんな情報を読み取るかで、勝敗も分かれます。この板読みができるようになるには経験が必要。ここでは三村式の板読み術を披露。板を見ながらボクが何を考えているのかを解説しちゃいます。P56の分足チャートも見ながら、雰囲気を感じ取ってください！

9時36分

売数量	値段	買数量
	成行	
443000	224	
734100	223	
997000	222	
1181300	221	
1471500	220	
	219	9200
	218	507100
	217	549100
	216	383200
	215	400700
	累計	

パッと見、明らかに「売り板優勢」に見えますよね。でも、寄り付きの出来高はなんと680万株。急増しています。

9時37分

売数量	値段	買数量
	成行	
734200	223	
999300	222	
1186300	221	
1474000	220	
171200	219	
	218	501400
	217	549100
	216	383200
	215	400700
	214	203700
	累計	

素人目には、依然として売り板優勢に見えますが、219円の大きな売り板が、どんどん食われているのがわかります。こういうとき、ボクは「厚い売りを崩すほど勢いがある」な、と思って、歩み値も見ながら、参戦するタイミングをうかがうのです。

9時48分

売数量	値段	買数量
	成行	
518600	224	
871800	223	
931500	222	
977700	221	
580100	220	
	219	581200
	218	635700
	217	560600
	216	355800
	215	400500
	累計	

売りがだいぶ減り、歩み値で220円を132万1000株買いという超大口が。ボクが買うなら、このタイミング!

10時5分

売数量	値段	買数量
	成行	
152700	226	
1307400	225	
689300	224	
1070000	223	
800000	222	
	221	897800
	220	869300
	219	651000
	218	719900
	217	397700
	累計	

222円を巡る攻防。一見223円以上の売り板が強く、買いが薄いように見えますが、株価はますます上がっています。こういった状態がボクが言う「本当に強い状態」なんです。板には反映されない、成り行きの買いもぶつかっているのでしょう。

10時7分

売数量	値段	買数量
	成行	
189900	226	
1319200	225	
1042400	224	
1074200	223	
450400	222	
	221	863600
	220	846100
	219	568200
	218	597900
	217	371000
	累計	

222円の売り板がどんどん食われています。歩み値を見ても、22万とか52万とか46万とか、大口の買いが!

10時10分

売数量	値段	買数量
	成行	
175600	227	
246000	226	
1367200	225	
1228400	224	
942800	223	
	222	511900
	221	903100
	220	821200
	219	585200
	218	606100
	累計	

節目の225円を中心に、依然として売りは厚いのですが、順調に株価は上がっています。222円の売り板も食われました。億単位での売買がゴロゴロ成立しています。売る側も買い板が厚いと、売り場を心配する必要がないので安心できますね。

10時12分

売数量	値段	買数量
	成行	
808100	229	
200900	228	
191400	227	
616800	226	
1371600	225	
	224	64900
	223	488300
	222	480500
	221	773600
	220	580700
	累計	

強い売りがなくなってきましたね。早くも225円の攻防戦になっています。225円以降の売りも減ってきました。

10時17分

売数量	値段	買数量
	成行	
300500	228	
261900	227	
258300	226	
1090200	225	
234400	224	
	223	476500
	222	532900
	221	267700
	220	347300
	219	343100
	累計	

225円の売りが増え、224円も売られています。ちょっと下げ気味ですね。歩み値を見ると、223円の約定値も出てきています。急騰したので利食い売りが増えているのでしょう。9時48分で買った分を、とりあえず、ここらで利益確定します。

10時42分

売数量	値段	買数量
	成行	
2028500	230	
967000	229	
680800	228	
374100	227	
397100	226	
	225	360400
	224	631300
	223	472400
	222	359400
	221	222100
	累計	

225円に118万株もの買いが。これだけ元手をかけて買うということは、さらなる上値を見込んでいるはず。

10時43分

売数量	値段	買数量
	成行	
2029000	230	
968000	229	
680800	228	
379600	227	
97100	226	
	225	598300
	224	624100
	223	282400
	222	358700
	221	234100
	累計	

226円が買われて、227円の攻防になりそう。これは、やはり「強い」と判断すべきでしょう。この様子だと、後場でも、まだ上げるかもしれません。これは、230円の板に出ている200万近い売りが、買われる可能性も高いですね。

10時51分

売数量	値段	買数量
	成行	
264500	232	
323700	231	
2190600	230	
1053900	229	
615500	228	
	227	273900
	226	382200
	225	627700
	224	300800
	223	275600
	累計	

株価は今にも228円になりそうです。歩み値には229円で約定している取引が出てきました。強いですね～。

13時35分

売数量	値段	買数量
	成行	
344600	233	
376800	232	
482800	231	
2953200	230	
1265800	229	
	228	578200
	227	457900
	226	286600
	225	381900
	224	462100
	累計	

後場に入ってまた223円ぐらいに下げ、調整していたのですが、また取り戻してきました。それに、分足チャートを見ると出来高が急増しています。大口の売りが一気に買われたからですね。そして、さらにまた買いが増えています。これは再注目!

13時45分

売数量	値段	買数量
	成行	
402700	232	
568500	231	
2635200	230	
1760600	229	
1434000	228	
	227	280700
	226	647200
	225	556300
	224	453600
	223	400500
	累計	

節目の230円の売りはともかく、229円と228円の売りが多すぎるのが気になります。これは「振るい落とし」？

13時50分

売数量	値段	買数量
	成行	
307400	233	
414700	232	
578800	231	
2635700	230	
1819000	229	
	228	218000
	227	559100
	226	445400
	225	465400
	224	487600
	累計	

あれほどあった228円の売りが、きれいになくなっています。歩み値を見ると、なんと228円で大口が140万株も買っています。これはビックリですね。やっぱり、まだまだ上値が狙えるな、と判断して、引き続き板に注目です。

14時37分

売数量	値段	買数量
	成行	
299400	234	
774900	233	
688500	232	
720400	231	
2996400	230	
	229	127900
	228	698400
	227	599700
	226	364300
	225	492100
	累計	

節目の230円には300万株近い売りが出ているのでこれをさばくだけで、しばらく値は動かないでしょうね。

14時50分

売数量	値段	買数量
	成行	
434400	234	
810900	233	
646200	232	
1859300	231	
795700	230	
	229	1402000
	228	525900
	227	548200
	226	311800
	225	958100
	累計	

230円の売り板がどんどん買われています。誰かが大量の買いを入れているんですね。ただ229円の買い板が厚いのが気になります。筋が一気にここに売りをぶつけてくる可能性があるかも。ボクは常にこんなふうにシミュレーションしています。

14時52分

売数量	値段	買数量
	成行	
287200	236	
1382000	235	
556000	234	
830600	233	
735300	232	
	231	95000
	230	1258300
	229	1182000
	228	531300
	227	506100
	累計	

なんだかヘンですよ。さっきあった231円の売り板と歩み値の231円の出来高に約100万株の誤差が。見せ板!?

15時00分

売数量	値段	買数量
	成行	
464700	234	
668600	233	
387400	232	
1415300	231	
137600	230	
	229	682200
	228	1329900
	227	1055100
	226	671100
	225	397700
	累計	

結局230円の高値で終了。筋は持ち越して、明日の寄り付きで個人の買いにぶつけるのかな? ところが大引け後、決算の上方修正と株式分割の発表が! 今日の活況は、事前に情報が漏れていたんでしょうね。翌日の終値は280円の高値でした。

「おっ！　225円に118万株の買いが! これは超大口。これだけ元手をかけて買うってことは、さらに上値で売り場を作るはず。これは強気になってボクも参戦。これなら、節目の230円の厚い売り板が食われるのも時間の問題!?」なーんて、考えながら、いつも売買しているのでした。

12月20日のニッシンの分足チャート

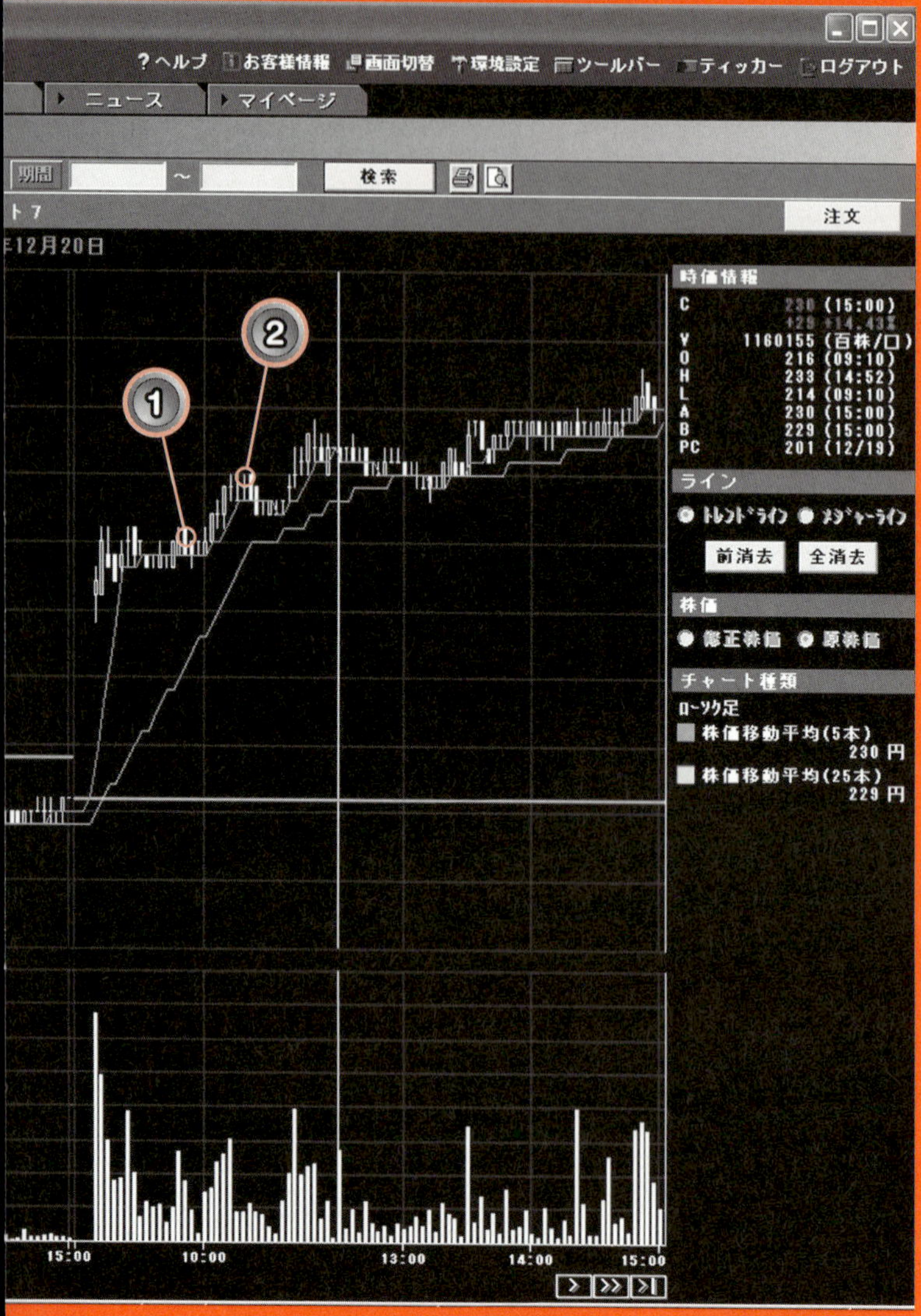

最新！

三村式デイトレの典型的な売買だ！

① 買い

寄り付きで出来高が急増。219円の大きな売り板が勢いよく食われていき、節目の220円に132万株の大口の買いが入った瞬間に、すかさずボクも買い注文! 大口についていくのが基本です

② 売り

225円の売りが次第に増え、224円の売り板も。223円の約定値も出てきました。ここで売って、いったん利益確定。利益はほどほどに。また上昇モードに入ったら、再び買えばいいんです

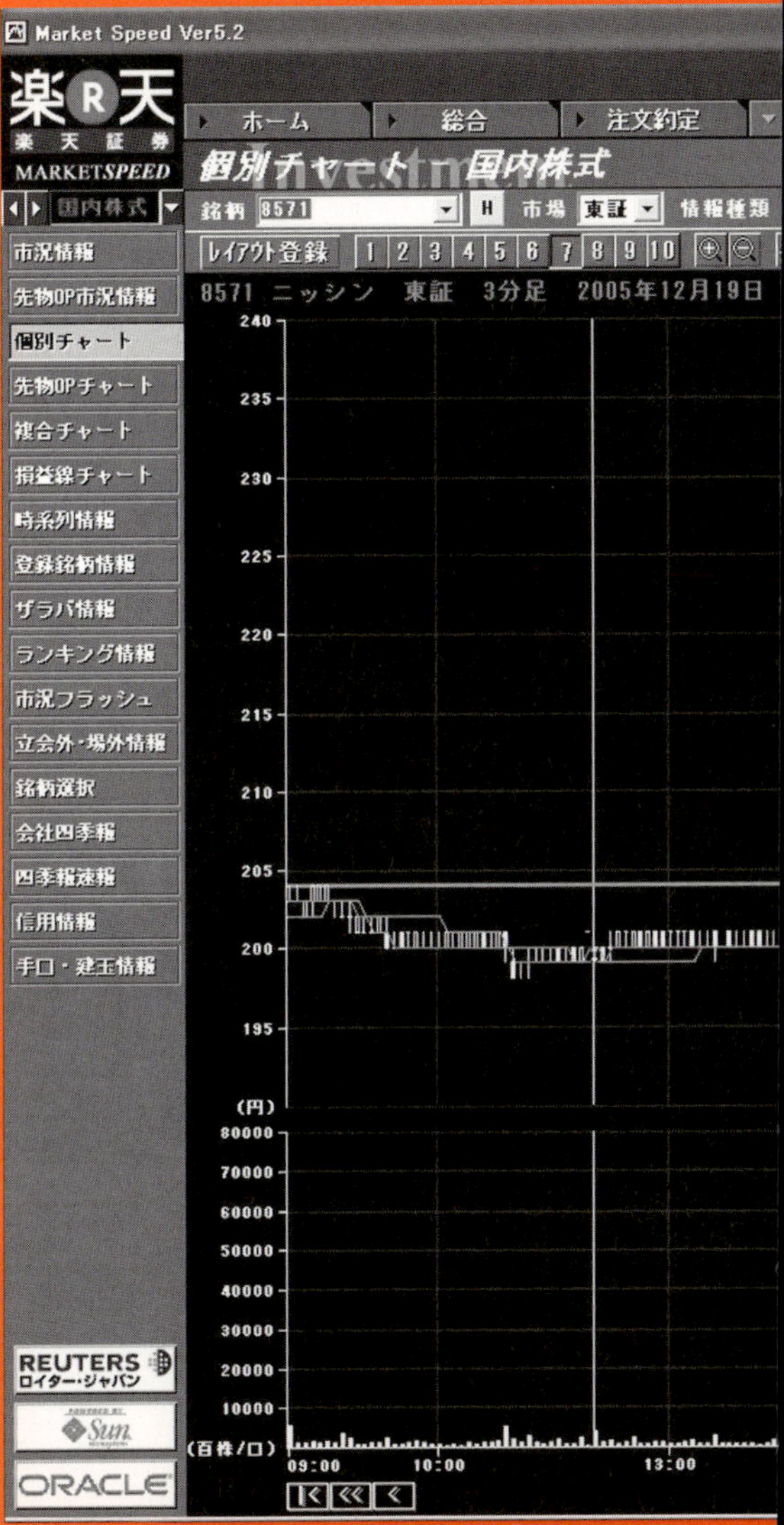

8【最新！三村クン150銘柄を教えます】

三村式ネット株の基本は、相場の「流れ」についていくこと。そのためには、**銘柄ボードをＩＰＯ銘柄、大型株銘柄、不動産関連、銀行関連などのセクター別に分けることが有効**です。ちなみに、現在、ボクの銘柄ボードを構成するのは１５０社からなる５つのボード。以前は、３つのボードで90銘柄を登録していましたが、日経平均の好況に伴い、東証1部の大型株が新たに加わりました。「ボード1」は、「大型株関連」で、電機や銀行など業種別に配置してあります。「ボード2」は、「直近ＩＰＯおよび新興銘柄関連」。「ボード3」は仕手銘柄や過去に祭りが起きた人気株など。「ボード4」は主にＩＴ系。「ボード5」は流行の「新興不動産銘柄」を中心とした新興銘柄や、「姉歯偽造マンション問題」に巻き込まれた日本ＥＲＩやシノケンなど「材料銘柄」などで構成されています。

こうすると「業種別」「親会社、子会社関連」「同時期に上場したＩＰＯ銘柄」「同一ニュース関連」など「連動銘柄」をウォッチするうえで役立ちます。また**値動きが似ている銘柄同士をまとめておけば、「ここが崩れてきたからこっちもダメ」といった具合に相場を先回りして読むことができ**て便利です。

銘柄ボード 1 大型株関連30社

Market Speed Ver5.2

楽天証券 MARKETSPEED

ホーム　総合　注文約定　投資情報

ザラバ情報 ― 国内株式

条件設定　1 2 3　ザラバ情報1　1 2 3 4 5 6 7 8

(REUTERS) 142.26 / 142.39 12/9 15:19　MARKET SPEED　日経225 15404.05 +220.69 12/9 15:00 TOPI

!	コード	銘柄名	市場	時刻	現在値	前日比	前日比率
	3402	東レ	東証	15:00	877	+37	+4.40%
	4676	フジテレビジョン	東証	15:00	270,000	+4,000	+1.50%
	5401	新日本製鐵	東証	15:00	420	+10	+2.44%
	5405	住友金属工業	東証	15:00	452	+18	+4.15%
	6310	井関農機	東証	15:00	363	+4	+1.11%
	6460	セガサミーホールディング	東証	15:00	3,770	-30	-0.79%
	6501	日立	東証	15:00	813	+9	+1.12%
	6502	東芝	東証	15:00	658	+15	+2.33%
	6503	三菱電機	東証	15:00	835	+9	+1.09%
	6701	日本電気	東証	15:00	752	+22	+3.01%
	6702	富士通	東証	15:00	871	+13	+1.52%
	6752	松下電器産業	東証	15:00	2,315	+85	+3.81%
	6753	シャープ	東証	15:00	1,841	-15	-0.81%
	6758	ソニー	東証	15:00	4,450	+80	+1.83%
	6764	三洋電機	東証	15:00	285	0	0.00%
	7832	バンダイナムコＨＬＤＧＳ	東証	15:00	1,705	-34	-1.96%
	8303	新生銀行	東証	15:00	670	0	0.00%
	8306	三菱ＵＦＪフィナンシャル	東証	15:00	1,630,000	+50,000	+3.16%
	8308	りそなホールディングス	東証	15:00	468,000	+28,000	+6.36%
	8316	三井住友フィナンシャルＧ	東証	15:00	1,230,000	+40,000	+3.36%
	8384	東京スター銀行	東証	15:00	383,000	-6,000	-1.54%
	8404	みずほ信託銀行	東証	15:00	416	+6	+1.46%
	8411	みずほフィナンシャルＧ	東証	15:00	908,000	+18,000	+2.02%
	8607	みずほインベスターズ証券	東証	15:00	407	+8	+2.01%
	9363	大運	大証	15:10	177	+1	+0.57%
	9437	エヌ・ティ・ティ・ドコモ	東証	15:00	185,000	0	0.00%
	9502	中部電力	東証	15:00	2,810	-20	-0.71%
	9684	スクウェア・エニックス	東証	15:00	3,300	-30	-0.90%
	9737	ＣＳＫホールディングス	東証	15:00	5,140	-70	-1.34%
	9984	ソフトバンク	東証	15:00	10,750	+850	+8.59%

銘柄ボード ② ▶▶▶ 直近IPO＋新興30社

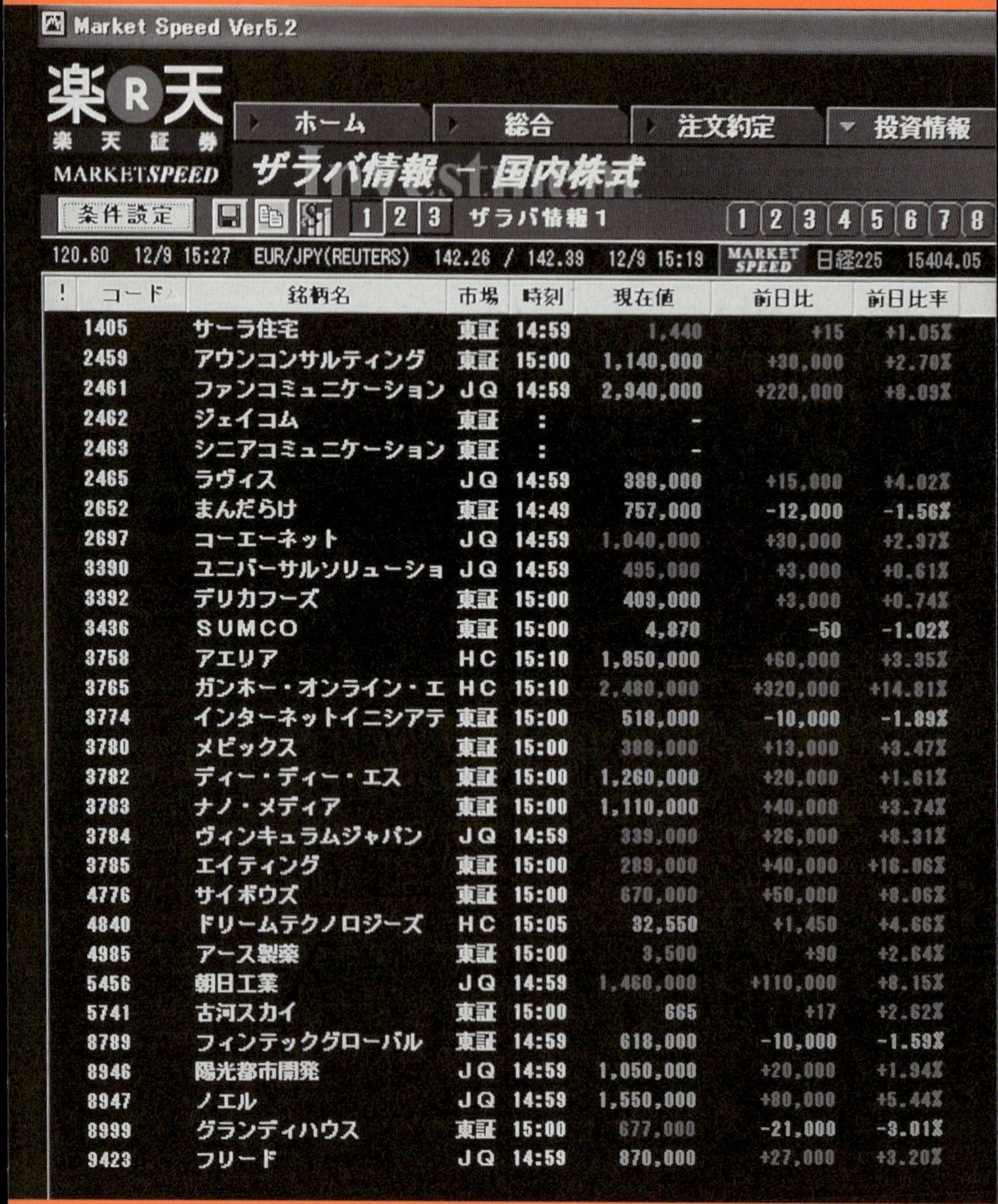

コード	銘柄名	市場	時刻	現在値	前日比	前日比率
1405	サーラ住宅	東証	14:59	1,440	+15	+1.05%
2459	アウンコンサルティング	東証	15:00	1,140,000	+30,000	+2.70%
2461	ファンコミュニケーション	JQ	14:59	2,940,000	+220,000	+8.09%
2462	ジェイコム	東証	:	-		
2463	シニアコミュニケーション	東証	:	-		
2465	ラヴィス	JQ	14:59	388,000	+15,000	+4.02%
2652	まんだらけ	東証	14:49	757,000	-12,000	-1.56%
2697	コーエーネット	JQ	14:59	1,040,000	+30,000	+2.97%
3390	ユニバーサルソリューショ	JQ	14:59	495,000	+3,000	+0.61%
3392	デリカフーズ	東証	15:00	409,000	+3,000	+0.74%
3436	SUMCO	東証	15:00	4,870	-50	-1.02%
3758	アエリア	HC	15:10	1,850,000	+60,000	+3.35%
3765	ガンホー・オンライン・エ	HC	15:10	2,480,000	+320,000	+14.81%
3774	インターネットイニシアテ	東証	15:00	518,000	-10,000	-1.89%
3780	メビックス	東証	15:00	388,000	+13,000	+3.47%
3782	ディー・ディー・エス	東証	15:00	1,260,000	+20,000	+1.61%
3783	ナノ・メディア	東証	15:00	1,110,000	+40,000	+3.74%
3784	ヴィンキュラムジャパン	JQ	14:59	339,000	+26,000	+8.31%
3785	エイティング	東証	15:00	289,000	+40,000	+16.06%
4776	サイボウズ	東証	15:00	670,000	+50,000	+8.06%
4840	ドリームテクノロジーズ	HC	15:05	32,550	+1,450	+4.66%
4985	アース製薬	東証	15:00	3,500	+90	+2.64%
5456	朝日工業	JQ	14:59	1,460,000	+110,000	+8.15%
5741	古河スカイ	東証	15:00	665	+17	+2.62%
8789	フィンテックグローバル	東証	14:59	618,000	-10,000	-1.59%
8946	陽光都市開発	JQ	14:59	1,050,000	+20,000	+1.94%
8947	ノエル	JQ	14:59	1,550,000	+80,000	+5.44%
8999	グランディハウス	東証	15:00	677,000	-21,000	-3.01%
9423	フリード	JQ	14:59	870,000	+27,000	+3.20%

銘柄ボード ③ 仕手＋人気銘柄30社

Market Speed Ver5.2

楽天証券 MARKETSPEED　ホーム　総合　注文約定　投資情報

ザラバ情報 ― 国内株式

条件設定　1 2 3　ザラバ情報1　1 2 3 4 5 6 7 8

EUR/JPY(REUTERS) 142.26 / 142.39 12/9 15:19　MARKET SPEED　日経225 15404.05 +220.69 12/9 15:00

!	コード	銘柄名	市場	時刻	現在値	前日比	前日比率
	1491	中外鉱業	東証	15:00	163	+6	+3.82%
	1503	住友石炭	東証	15:00	226	+29	+14.72%
	1716	第一カッター興業	ＪＱ	15:00	1,484	+220	+17.41%
	1783	Ａ．Ｃホールディングス	ＪＱ	14:59	89	-1	-1.11%
	1919	エス・バイ・エル	東証	15:00	210	+2	+0.96%
	3521	エコナック	東証	15:00	177	-4	-2.21%
	3587	アイビーダイワ	ＪＱ	14:59	211	+1	+0.48%
	4004	昭和電工	東証	15:00	452	+10	+2.26%
	4642	オリジナル設計	東証	14:59	911	+56	+6.55%
	4748	構造計画研究所	ＪＱ	14:59	3,160	+110	+3.61%
	4830	サンライズ・テクノロジー	ＨＣ	15:10	201	-27	-11.84%
	5707	東邦亜鉛	東証	15:00	615	+33	+5.67%
	5721	エス・サイエンス	東証	15:00	73	+1	+1.39%
	5856	東理ホールディングス	東証	15:00	87	-2	-2.25%
	6369	トーヨーカネツ	東証	15:00	287	+11	+3.99%
	6453	シルバー精工	東証	15:00	106	-2	-1.85%
	6674	ジーエス・ユアサコーポ	東証	15:00	327	+11	+3.48%
	6791	コロムビアミュージックエ	東証	15:00	142	+1	+0.71%
	6803	ティアック	東証	15:00	206	-7	-3.29%
	7211	三菱自動車工業	東証	15:00	258	-14	-5.15%
	7602	ジャック・ホールディング	東証	15:00	260	+21	+8.79%
	7897	ホクシン	東証	15:00	311	-10	-3.12%
	8020	兼松	東証	15:00	273	+10	+3.80%
	8603	日興コーディアルＧ	東証	15:00	1,840	+85	+4.84%
	9043	阪神電鉄	東証	15:00	1,007	+2	+0.20%
	9401	東京放送	東証	15:00	2,785	-25	-0.89%
	9647	協和コンサルタンツ	ＪＱ	14:59	483	-45	-8.52%
	9784	日本工業検査	ＪＱ	15:00	3,710	-500	-11.88%
	9822	なが多	ＪＱ	14:59	123	+5	+4.24%
	9984	ソフトバンク	東証	15:00	10,750	+850	+8.59%

銘柄ボード 4 IT系30社

Market Speed Ver5.2

楽天証券 MARKETSPEED

ホーム　総合　注文約定　投資情報

ザラバ情報 ― 国内株式

条件設定　1 2 3　ザラバ情報１

5:28 EUR/JPY(REUTERS) 142.26 / 142.39 12/9 15:19　日経225 15404.05 +220.69 12/9

!	コード	銘柄名	市場	時刻	現在値	前日比	前日比率
	2353	日本駐車場開発	東証	15:00	17,960	+30	+0.17%
	2432	ディー・エヌ・エー	東証	15:00	272,000	+8,000	+3.03%
	2721	ジェイホーム	ＪＱ	14:50	151,000	0	0.00%
	3338	九九プラス	ＪＱ	14:59	371,000	-4,000	-1.07%
	3727	アプリックス	東証	15:00	1,050,000	0	0.00%
	4350	メディカルシステムネット	ＨＣ	14:58	214,000	0	0.00%
	4723	グッドウィル・グループ	東証	15:00	232,000	+9,000	+4.04%
	4753	ライブドア	東証	15:00	659	+49	+8.03%
	4755	楽天	ＪＱ	14:59	82,200	-800	-0.96%
	4757	インテリジェンス	ＪＱ	14:59	234,000	+5,000	+2.18%
	4762	エックスネット	東証	14:56	271,000	+1,000	+0.37%
	4779	ソフトブレーン	東証	15:00	221,000	0	0.00%
	4813	ＡＣＣＥＳＳ	東証	15:00	2,530,000	+50,000	+2.02%
	4823	サイバード	ＪＱ	14:59	231,000	0	0.00%
	4824	メディアシーク	東証	15:00	172,000	+4,000	+2.38%
	4835	インデックス	ＪＱ	14:59	147,000	+3,000	+2.08%
	4837	シダックス	ＪＱ	14:59	97,000	+3,100	+3.30%
	4839	ＷＯＷＯＷ	東証	15:00	250,000	-3,000	-1.19%
	4924	ドクターシーラボ	東証	15:00	192,000	0	0.00%
	6677	エスケーエレクトロニクス	ＪＱ	14:59	343,000	+12,000	+3.63%
	6720	プリヴェチューリッヒ企業	東証	15:00	327	+7	+2.19%
	6830	ＹＯＺＡＮ	ＪＱ	14:59	32,500	+600	+1.88%
	7518	ネットワンシステムズ	東証	15:00	277,000	+2,000	+0.73%
	8473	ＳＢＩホールディングス	東証	15:00	70,500	+5,000	+7.63%
	8628	松井証券	東証	15:00	1,386	+6	+0.43%
	8698	マネックスビーンズＨＬＤ	東証	15:00	131,000	+3,000	+2.34%
	8901	ダイナシティ	ＪＱ	14:59	30,650	-2,650	-7.96%
	8910	サンシティ	東証	14:58	178,000	+7,000	+4.09%
	9448	インボイス	東証	15:00	10,440	-460	-4.22%
	9449	ＧＭＯインターネット	東証	15:00	2,515	+90	+3.71%

銘柄ボード 5 材料銘柄30社

Market Speed Ver5.2

楽天証券 MARKETSPEED　ホーム　総合　注文約定　投資情報

ザラバ情報－国内株式

条件設定　1 2 3　ザラバ情報1　1 2 3 4 5 6 7 8

12/9 15:28 EUR/JPY(REUTERS) 142.26 / 142.39 12/9 15:19 MARKET SPEED 日経225 15404.05 +220.69

!	コード	銘柄名	市場	時刻	現在値	前日比	前日比率
	2351	アドミラルシステム	東証	15:00	200,000	+4,000	+2.04%
	2356	トーメンサイバービジネス	東証	14:58	279,000	+3,000	+1.09%
	2413	ソネット・エムスリー	東証	15:00	494,000	+12,000	+2.49%
	2419	日本ERI	JQ	14:58	445,000	+5,000	+1.14%
	3310	JIMOS	JQ	14:58	305,000	+3,000	+0.99%
	3716	アーティストハウスHLD	東証	15:00	320,000	+9,000	+2.89%
	3754	エキサイト	JQ	14:59	965,000	+60,000	+6.63%
	3755	GDH	東証	14:45	496,000	+4,000	+0.81%
	3764	アッカ・ネットワークス	JQ	14:59	326,000	-2,000	-0.61%
	4287	ジャストプランニング	JQ	14:59	249,000	+5,000	+2.05%
	4308	Jストリーム	東証	15:00	307,000	+1,000	+0.33%
	4313	アイ・エックス・アイ	東証	15:00	653,000	+43,000	+7.05%
	4314	ダヴィンチ・アド	HC	15:10	740,000	-6,000	-0.80%
	4744	メッツ	東証	14:59	65,400	+400	+0.62%
	4815	ジャパンデジタルコン信	東証	15:00	102,000	+2,000	+2.00%
	4817	ジュピターテレコム	JQ	14:59	98,200	+1,000	+1.03%
	4823	サイバード	JQ	14:59	231,000	0	0.00%
	4847	インテリジェントウェイブ	JQ	14:53	404,000	0	0.00%
	7717	ブイ・テクノロジー	東証	15:00	1,090,000	+60,000	+5.83%
	7835	ウィズ	JQ	14:59	573,000	+10,000	+1.78%
	7853	イーディーコントライブ	東証	14:59	34,150	+50	+0.15%
	8701	イー・トレード証券	JQ	14:59	761,000	+34,000	+4.68%
	8888	クリード	東証	15:00	543,000	-6,000	-1.09%
	8909	シノケン	JQ	14:59	330,000	+3,000	+0.92%
	8922	アイディーユー	東証	15:00	532,000	+11,000	+2.11%
	8923	東誠不動産	JQ	14:59	105,000	+2,000	+1.94%
	8924	リサ・パートナーズ	東証	15:00	466,000	+29,000	+6.64%
	8925	アルデプロ	東証	15:00	126,000	+2,000	+1.61%
	8944	ランドビジネス	JQ	14:59	556,000	+45,000	+8.81%
	9427	イー・アクセス	東証	15:00	73,800	+2,300	+3.22%

第2章 実践！三村式

**平凡なサラリーマンが
三村式ネット株投資に挑戦!**

転落期	新興市場でネット株投資初挑戦! 編	9月22日〜9月30日	1週目
	損切りできるようになりたい! 編	10月3日〜10月7日	2週目
浮沈期	活況銘柄の上昇パワーを掴め! 編	10月11日〜10月14日	3週目
	活況銘柄の売買でコツコツ利食う 編	10月17日〜10月21日	4週目
	利食いと損切りができれば最強!? 編	10月24日〜10月28日	5週目
開眼期	チャートで銘柄の動向を把握する 編	10月31日〜11月11日	6週目
	大きく勝って小さく負けろ!? 編	11月24日〜11月29日	7週目
	新興不動産ブームに乗れ! 編	12月1日〜12月22日	8週目

実践！「三村式 株投資日記」

デスクからの指令で、30歳株素人編集者の宏志が特集企画のネット株投資に初挑戦。ところが、いきなり資金を50万円⇒30万円に減らしてしまう。そこで三村クンに弟子入り。平凡なサラリーマンが三村式ネット株投資に挑戦して、どこまで稼げるか？

三村クン
みむらゆうた●名古屋の平均的偏差値の私立大学文系学部4年生。しかし、その正体は2年3か月で30万円を3億円にしたスーパートレーダー！　SPA！本誌で『三村雄太の株［福音］週報』を連載中。著書に『平凡な大学生のボクがネット株で3億円稼いだ秘術教えます！』（小社刊）がある

宏志
ひろし●某国立大卒。05年からSPA！に配属。手数料が安いイー・トレード証券に口座を開いて株投資に初挑戦する東北地方出身の30歳独身。趣味は競馬

宏志　三村クン、いや三村師匠、ボクを弟子にしてください！
三村　な、なんですか、いきなり土下座なんて。
宏志　お願いします！　株でたった1週間で20万円も損しちゃって……。
三村　そ、それはセンスがない☆　損切りしてますか？（何で損してるのかな）
宏志　……（ドキっ）。い、いや……、一応。
三村　ちゃんと活況な銘柄を選んでいますか？（何を買ってるんだろ）
宏志　……（そ、それは言えない）。値上がり率ランキングを見て、それで……。
三村　そりゃあボクは平凡な大学生ですけど、いろいろと忙しいんですよね〜。
宏志　そこをなんとか。毎日メールで、その日のトレードの記録を送るから、そこに、ちょっとアドバイスをくれるだけでもいいから、お願いします!!
三村　いいですよ。ただし、事前に儲かる銘柄とかは教えませんからね。
宏志　ありがとう〜！　で、明日は何が上がるかな？　楽天？
三村　だから、銘柄は教えませんって！（本当に大丈夫かな、この人……）暇なときに、前著『3億円稼いだ秘術教えます！』を、読んでみてください。
宏志　よろしくお願いしま〜す（ダメなら、最後は助けてくれるだろう）。

転落期

まさかこんなことになるなんて！　気軽に始めた株投資で思いもよらない苦戦を強いられた宏志。資金をいきなり30万円にまで減らしてしまう……。まずは三村クンに弟子入り前の宏志の転落ぶりをお楽しみください

新興市場でネット株投資初挑戦！編

9月22日〜9月30日　1週目

三村式ならぬ宏志式を確立!?

週刊SPA！中堅編集者の宏志です（30歳）。編集部でも話題になった3億円大学生&三村式。「名古屋の平凡な大学生にできるなら、オマエにだってできる！」とデスクに命じられ、雑誌の株特集のために株ド素人の宏志がネット株投資初挑戦！　**PER**や**PBR**など、株のことはわからないことだらけだけど、50万円ほどある貯金を全部投入して、仕事の合間に軽く儲けてみますか。もしかしたら投資の才能が開花して、宏志式を確立できるかも。SPA！初いや出版業界初の3

PER
Price earning raitoの略。「株価÷1株益（1株あたり当期利益）」で求められる数値で、収益から株価の割安さを考えるための指標。株価が1株益の何倍かを知ることで、株の割安さ・割高さを計る。通常、20〜30倍が適正といわれていて、それ以上高ければ割高、低ければ割安と判断する。ただし、PERの数値だけで株価を評価するのは難しく、将来の見通しや成長性などを考慮して複合的に見ていく必要がある

PBR
Price book-value raitoの略。株価純資産倍率の意味。PERと同じく、現在の株価が割高か割安かを知るため

億円編集者誕生も夢じゃない？

「デイトレードするなら、やっぱり新興市場でしょ。まずは、儲かりそうな銘柄を物色する」

というわけで1週目は、株価の値動きが激しそうなジャスダック、マザーズ、ヘラクレスの新興3市場の銘柄で勝負します。編集者の基本は、習うより慣れろ。まずは独学で宏志式を確立してやる！

そこで、さっそくイー・トレード証券に口座を開設した。ここは三村クンが使っていた楽天証券同様、売買手数料は業界最安水準のネット証券。資金が少ないうちは、手数料の安さで証券会社を選んだほうがいい。あとは、デイトレードするならリアルタイムで株価を表示させるツールも必要だ。有料ツール「ハイパー・イー・トレード」も申し込んだ。ここまでは何も問題なし。次は、新興市場の銘柄ボードを作成。まずは、前日の新興3市場の値上がり率および値下がり率ランキングの上位の銘柄で、ある程度出来高があって、かつ自己資金で買える銘柄、

の指標。現在の株価が1株あたり純資産の（自己資本）の何倍の水準にあたるかを表す指標で、「株価÷1株あたり純資産」で計算される（単位＝倍）。一般的に、PBRが高いほど株価は割高で低いほど割安とされる

それとなく気になる銘柄を登録した。ここで値上がり率ランキングだけでなく、値下がり率ランキングの銘柄もチェックしたのは、前日下げた株は翌日上がるかも!?と予想したから。というのも、株価は上がるときも下がるときも、一直線に上がったり下がったりしないもの。つまり下げ途中のリバウンドを期待したわけだ。自己資金で買える銘柄となると、1株50万円以下。当然、ガンホー・オンライン・エンターテイメント（3765）なんて買えない(笑)。

（う～ん……、これは想定外。1週目でいきなり宏志終了!?）

銘柄ボードに、60銘柄ぐらい登録した中で、まず注目したのが**分割銘柄**のクリーク&リバー（4763）と、ここのところ連日値上がりしていたジャストプランニング（4287）。しかし、いずれも宏志が買った直後から値を下げる。特にジャストプランニングの売買は、ヤフーファイナンスの掲示板の好決算の可能性大書き込みを鵜呑みにしたもの。いきなり約4万円の損失……。

分割銘柄
株式分割した銘柄のこと。株式分割とは、株式の単位を細分化し、投資単価を引き下げることで、投資家にとって株式の売買がしやすくなるようにする手段。企業は株式を分割することで、株式市場における自社株の流動性を高めることができる。例えば1株を10株に分割すると、1株あたりの株価は理論的に10分の1の水準になる。株主の保有株式数は、株式分割で10倍に増えるので、分割の前後で証券価値は変わらない。こうした株式分割するメリットは、株式市場での流動性を高めること。株式の売買単位を小さく分けることで、特に個人の投資家でも自社株を買いやすい水準に株価を下げるという効果がある。その結果、個人株主を増やし、株式投資を呼び込むことができる。特に成長性の高いベンチャー企業では、市場に流通する株式（浮動株）が少ないために、株価の乱高下が見られるが、株価の高騰により新規株主を

(掲示板の書き込みを鵜呑みにして大失敗!)

ジャスダックに上場しているジャストプランニング。外食業界に特化した業務ソフトレンタルのASP事業者。だが、そんなことも知らずにヤフーファイナンスの掲示板の書き込みに「中間決算が好内容」と書かれていたので、何も考えずに飛びついてしまった。その日は、出来高が急上昇。ほかのトレーダーたちも好決算を期待したのか、急騰する。しかし、買うタイミングが悪すぎた。その日の高値で掴んでしまったため、急騰→急落の乱高下に見事に振りまわされてしまう。結局、その日に最安値付近で損切り。株ド素人には、ちょっと値動きが激しすぎた。

呼び込めないと痛手になることから、株式の分割に踏み切る企業が多い

転がるように落ちていく転落株投資人生はまだ続く

何が悪かったのかよくわからず、続いて前日ストップ高、当日も高値で始まった日本興業（5279）を1株342円で1000株購入した。しかしまたも失敗。とにかく値動きが激しくて、下がったと思えばすぐに上がるなど、ずっとパソコンの前から離れられないような銘柄。どこで売ったらいいのか、わからない。とりあえず、株価が下がって300円を割ったら損切りしようと決める。しかし、迷っている間に300円割れ。あわてて**成り行き**の売り注文を入れるが、大量の売り注文が発生していて、なかなか宏志の注文が約定されない。ヤバイ！そして、何とか売ることができたのが1株288円。買ったのが342円だから実に5万円以上の損失。しかも、この日本興業が**決算銘柄だったため、日本興業を売ったことで復活するはずの買い付け余力が復活せず**。そのため銘柄ボードの中で爆上げの兆候を見せていた、アーティストハウスホールディングス（371

成り行き
買値や売値を指定せずに、銘柄や株数だけを指定して行う注文方法。立会い時間中は、値段を指定しての注文よりも優先されるため、売買の成立を優先させたい場合に使う。そのときの相場水準で売買が成立するため、株価が大きく変動しているときは、思ったより高く買ったり、低く売ったりするリスクがある

決算銘柄の売買
配当などを受ける権利が確定した翌営業日の権利落ち日に決算銘柄の株式を売買した場合、その受渡代金は当日中、決算銘柄以外の株式買付代金に充当することができないというルールがある

5279 日本興業

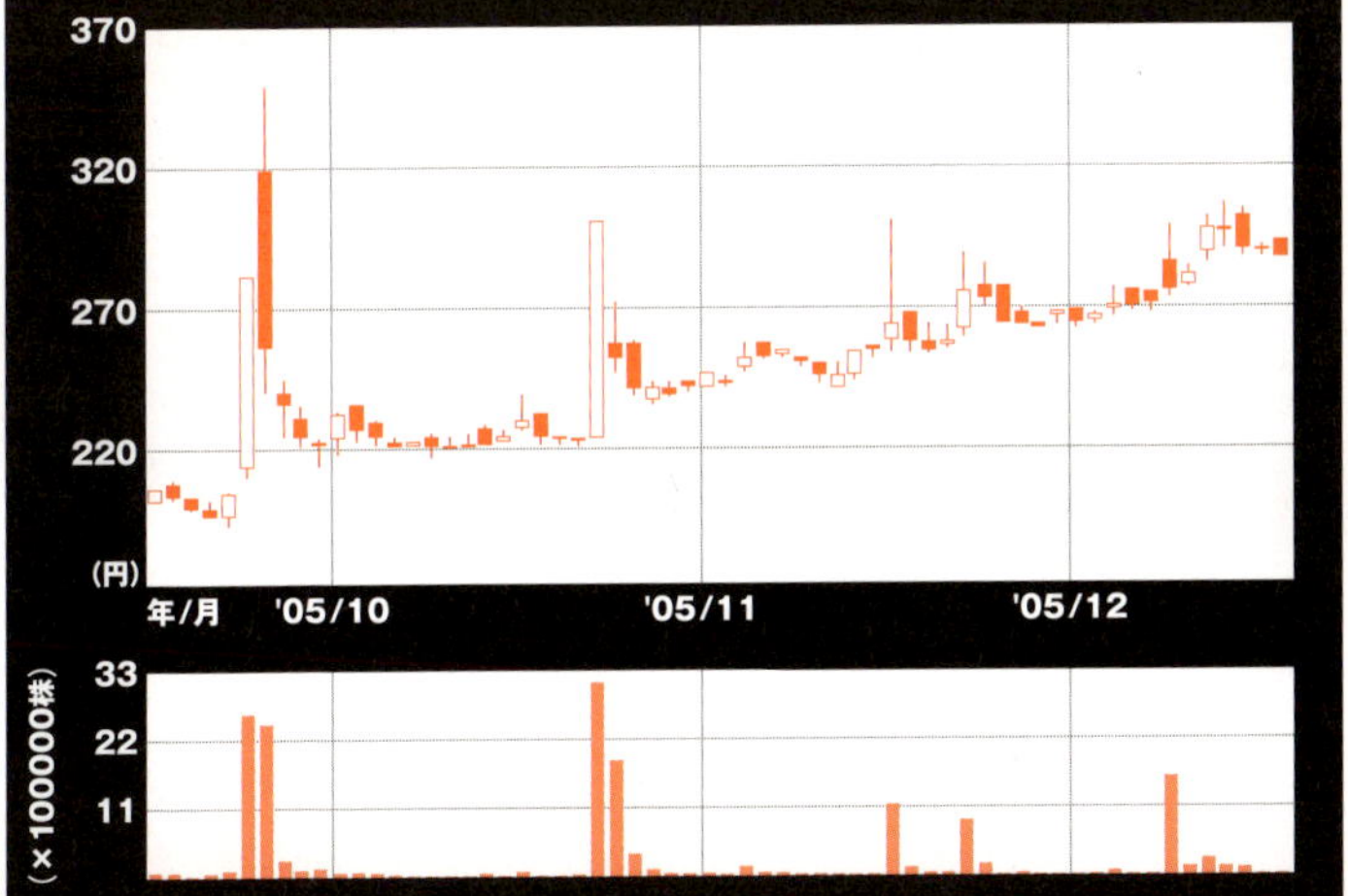

高値摑み安値放し炸裂!

讃岐うどんで有名な香川県さぬき市に本社がある日本興業。企業を企業と思わないスタンスで、ストップ高翌日の急騰に飛びついてしまった。高値摑み高値放しをしようと思ったのだが、見事に高値摑み安値放しを披露してしまった思い出の銘柄。後日、1年の日足チャートを見てみると、この銘柄は平均して月に1回は急騰して長い上髭をつけることがわかった。宏志は見事に、その長い上髭の上端で摑んでしまったのだ。事前にチャートを見ていたら、超短期と割り切って、その急騰だけを利用するというトレード法も思いついただろうに。残念。

6）を買うことができず、グングン上昇していくアーティストハウスの板を、宏志は指をくわえて見ているしかない。約4万円儲け損ねた。決算銘柄の売買には注意が必要だったのだ……。

後日、ジャストシステム（4686）を売買したが、たった600円の儲けのみ。でも、これが宏志初の儲け。何ともショボイ儲けだ。しかも売った直後にジャストシステム爆上げ。お祭りが起きているではないか。トホホ……。

さらにリバウンド狙いで買ったターボリナックス（3777）を高値で掴んで失敗し、約2万円の損だ。ここまでで約11万円の損失。ヤバイ！

（そして今回最大の失敗の瞬間が。一生、忘れられない銘柄との出会い）

まだまだ失敗は続く。上場後、連日ストップ高をつけていた京樽（8187）が、ようやく天井を打った後、急落↓反転↓急騰していた。これは、今までの損失をリカバリできるかも!?と、急騰直後に即購入。再びストップ高をつけたら最

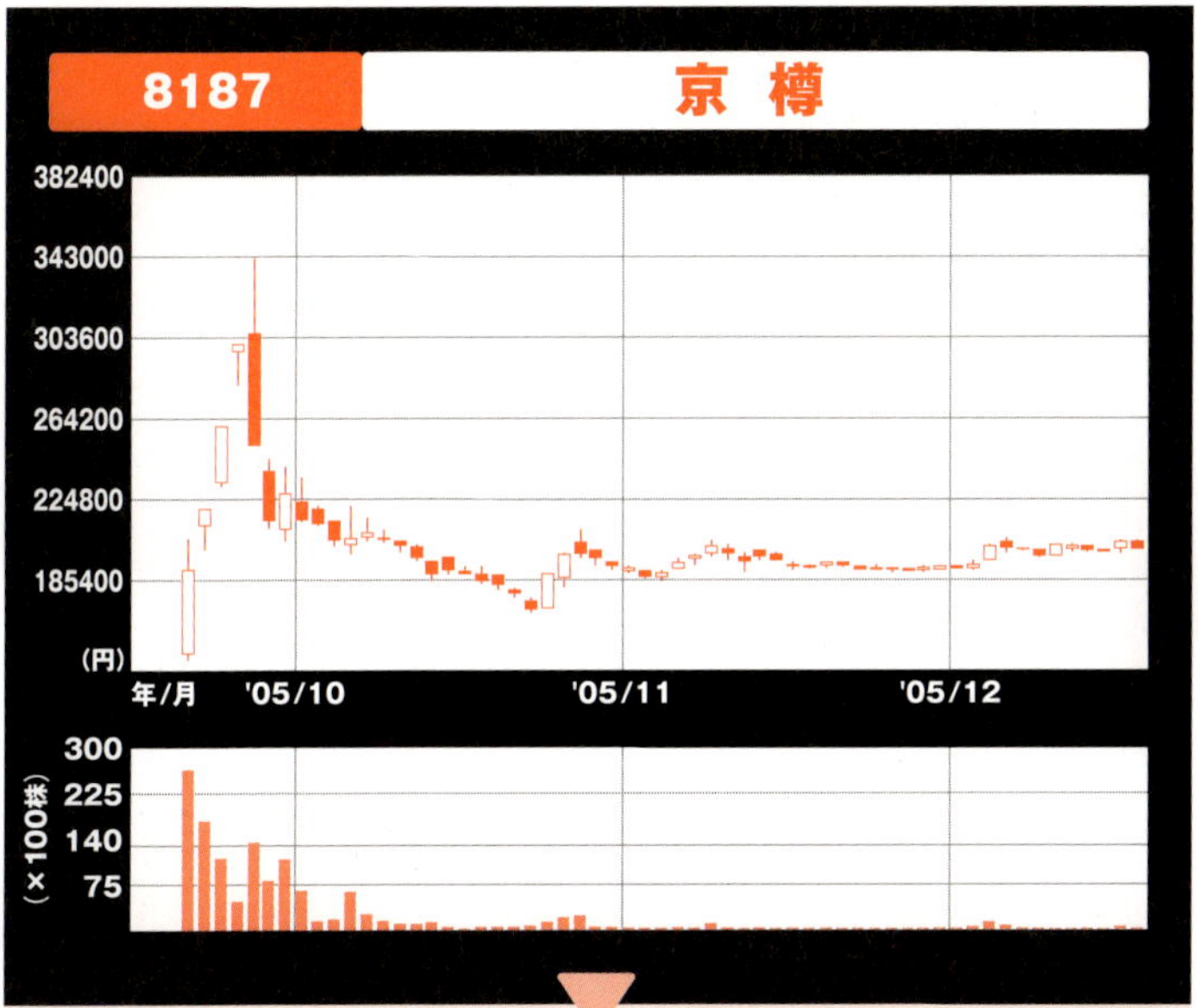

（IPOホヤホヤ銘柄に翻弄される）

住宅街にある宏志宅の最寄り駅にもある、持ち帰りの寿司を売っている京樽。よく、親子連れで寿司を買っている光景を目にしていた。そんな庶民的な店のイメージとは違って、値動きは凶暴そのもの。連日ストップ高→急落→反転→急騰と、まさに冬の日本海のような荒々しさ。このとき初めて宏志は、IPOホヤホヤ銘柄の値動きの荒さ、恐ろしさを身をもって体験した。大量の成り行き売り注文が出ていたパソコンの画面を見ていられず、その場を逃げ出した宏志。結果はご存知の通りストップ安。損切りしていれば重傷にはならなかった。

高だ！　なんて考えていたら、突然、成り行き売り注文が殺到し株価は急落！　売るに売れない状況にパニック状態の宏志。とりあえず、その日、ストップ安の京樽を放置して、仕事をすることにした。しかし気になって夜も眠れない。そして翌日再びストップ安。ようやく売れたときには、なんと約9万円の損失だ。

　このままでは資金がなくなってしまう……。そこでフォーサイド・ドット・コム（2330）、ペイントハウス（1731）を、値上がりしたらすぐに利食う手法で、やっと約6000円儲けた。と思ったら、また京樽に目がいき売買。今度は早めに損切りしたが、それでも6000円の損。ううっ、いきなり20万円も損してしまった。どうしたらいいのか三村クンに相談してみるかなぁ。

今週の宏志

1週目
9月22日～9月30日

口座残高
¥303,000

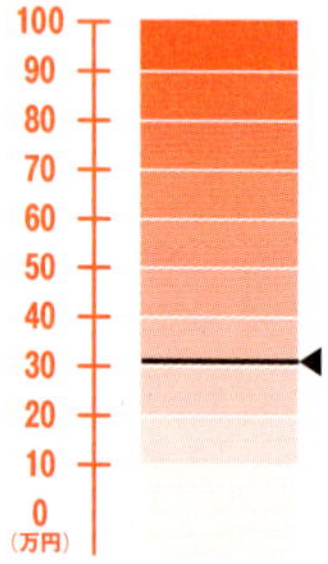

なんで、こんなことになっているんだ？　一体何が起きたんだ!?　この現実を受け止めることができない。ここからの復活は、正直ムリかも。あまりの惨状に、宏志に株投資を命じたデスクが目を合わせてくれない……。三村クンに頼るしか宏志が立ち直る道はない。

損切り!!
スパーン
スパーン
損切り!!

1週目

三村クンからのアドバイス

宏志さん、1週目で50万円を30万円に減らしてしまったんですね～。**敗因は、①損切りが遅い、②リバウンドを狙いすぎ、③風評に流されすぎ、④精神的に弱い**などでしょうか。これ以上は、やめておいたほうがいいのでは？

「分割銘柄の売買のタイミングとは？ 宏志いきなり酷評される」

さて、まずはクリーク&リバー。**同社株式が5分割されたのは05年8月の終わりです。その影響で一時、株価は上がりましたが、宏志さんが参戦したのは、そのちょうど1か月後。時期的に遅すぎ**ます。分割銘柄は、発表直後に買うのがベターです。理由は、「分割後の株価上昇期待」で買われるケースが多いから。

もう少し詳しく説明しましょう。例えば宏志さんが1株100万円の銘柄を持っているとします。その銘柄が5分割することになりました。

ということは、100万円だった株価は5分の1の価格の20万円になります。20万円×5株＝100万円が、宏志さんの保有株になるのが理屈です。ところが、もともと持っていた株（これを「親株」といいます）が宏志さんのもとに戻ってくる（これを「子株還流」といいます）のは、当時のルールでは、分割権利確定日のだいたい2か月後の「新株交付日」。投資家はそれまでは、「親株」の1株しか売買できません。

ですから、この間、株価は5分の1になるのに、「株券」は不足した格好になります。すると需要が多いのに供給不足ということになり、分割銘柄は突如人気化します。それで、一時的に株価が上がるのです。

でも、約2か月後の「新株交付日」には「子株」が戻ってくるので、今度は「供給」が増えます。すると、一時的に吊り上がった株価が次第に元の水準に戻ってくるのです。

特に、大型分割の場合、このパターンは顕著です。100分割したときのライブドアがまさにそうでした。確か、3000円ぐらいだった株価が「子株還流」までの間に1万8000円ぐらいにまで急騰し、子株が還流した後、4000円前後に落ち着くことになりました。

このように、分割後値動きがあっても、還流後は分割前の水準に戻ってくるのが通常です。この間の「マネーゲーム」でうまくサヤが抜ける人もいるかもしれません。ただ、06年1月から、ルールが変わったので、こうした事態はもう起きないでしょう。なぜなら新しいルールでは、分割権利確定日の翌日から、子株も売買できるようになったからです。

ちなみに分割後、大きく下げた銘柄もあります。ぐるなび（2440）がそうです。ですから、ボクは「分割」を理由に、参戦することはありません。

話をクリーク&リバーに戻しましょう。それにしても宏志さんは、なぜ子株還流後のズルズル下げだした時期に買ってしまったのでしょうか？ **最悪です。どうせリバウンドを狙うなら、中途半端な下げ局面は避けたほうがいい。狙ったところで、どうせたいして動きません。**たとえ勝てたとしても、少ない利幅で確定するだけ。そんなのちっともおもしろくありません。

リバウンドは、せめて日足チャートでいうと45度ぐらいの角度で急落している状態を狙うべきでしょう。「明らかに下げすぎ」というときのみ参戦すべき。それに、ヘラクレス銘柄は約定が遅れますし、板読みができないので取引が難しい！　ヘラクレスの板は、「一本気配」といって、現在値の上下1本しか表示されないので、100円の株価だったとしたら、99円と101円の売り買いしか見えず、予測が立てにくい。だから、プロでさえ敬遠する人もいます（ちなみに06年には改善されるようです）。

「損切りが遅いのは致命的。場当たり的なトレードが多すぎる」

次にジャストプランニングですが、**ヤフーファイナンスの書き込みを信じて売買したこと自体が間違っています**。短期投資は自分の意思で動くべき。他人の意見に流されてはいけません。**さらに、決算発表前は取引しないほうが無難**。下方修正でも出されたら、ストップ安に次ぐストップ安なんてことになり、売るに売れなくなってしまうからです。例えば05年6月のモック（２３６３）がそうです。決算で赤字発表し、失望売りが多発し、ストップ安になりました。

日本興業の失敗もヒドイ。**この株は、売りも買いも板がスカスカ**。前日ストップ高といっても、買いが少ない弱いストップ高でした。**板が薄く出来高が少ない銘柄は値動きが少なくて、儲けられても利幅が薄いし、下がったら「売り場」がなくなる可能性もある**ので、避けたほうがいい。もっと急上昇中の銘柄を選ぶべきです。

それに、損切りも遅いですね。３４２円で買ったのなら３４０円割ったら売り態勢に入らないといけません。

ターボリナックスの仕込みもいただけません。根拠もなくリバウンドを狙うのは危険すぎ。宏志さんの売買を見ていると、場当たり的としか思えません。

リバウンドを狙うのなら、少なくとも過去の日足などを見たりして「これは下げすぎだろ～」とか、自分なりの予測と仮説を立ててからにしてください。

京樽も、高値で買ってしまったのはともかく、損切りが遅いのが致命傷。急騰していた銘柄が一度崩れると、売りが売りを呼んで、そのままストップ安に突入

するパターンが多いのです。この場合、たとえストップ安でも当日中に手仕舞うべきでした。それに、**京樽のことが気になって寝つけないなんてトレーダー失格**ですよ。損したときも、儲かったときも興奮するのは禁物。常に冷静でいないと、市場に振り回されてしまいます。

以上、少々コメントがキツかったですか？　すみません〜。でも、デイトレをやり始めた頃の自分を見ているみたいで、ついつい厳しくしてしまいました。がんばってください！

1週目

9月22日〜9月30日

三村クンの格言！

損しても儲かっても興奮は禁物。常に冷静でなければトレーダー失格

損切りできるようになりたい！編

10月3日〜10月7日

2週目

三村式弟子第1号誕生！

自分の株投資のセンスのなさに、あっさりと独学はあきらめ、三村クンに弟子入り。弟子第1号になりました。そして、かなり厳しいダメ出しと指摘を受け、正直、凹んでしまうが、そうも言っていられない。

まずは20万円の損失をリカバリするために、2週目は「損切り」をテーマにした。さらに、新興3市場の銘柄に固執せず、東証1部の銘柄も見ることに。なぜなら、この時期は日経平均がジリジリ上がっているような状況。つまり資金が新興の銘柄から東証1部の銘柄に流れ込んでいたのだ。

とはいっても、根っからのギャンブラー体質のため、値動きが荒い新興銘柄に、どうしても目がいってしまう……。

2週目は、フォーサイド・ドット・コムで約1万円儲けたものの、アーティス

低位株
低位株とは、株価が市場の水準よりも低い株のことをいう。絶対的な基準はなく、市場の他の株式と比べ相対的に低い株価水準の株式が低位株と称される。一般的に株価が1000円未満の銘柄をいい、100円未満だと超低位株といったりもする。こうした低位株になりやすいのは発行株式数の多い銘柄。また、業績が悪化している銘柄も低位株になりやすくなる。この低位株は少量の資金でも投資できるので、手軽に配当金や株主優待を得られるというメリットがある。低位株とは反対に、株価が市場の水準よりも高い株のことを値がさ株という

トハウス、アイディーユー（8922）、セプテーニ（4293）、ペイントハウスなどを、買っては、また買い値で売る状況。儲け0。続いて買った西友（8268）は、損切りが遅れて8000円の損。その後、何とか吉野家ディー・アンド・シー（9861）で、5000円儲けて少し持ち直すが、なかなか大きく儲けられない。

そして2週目が終了した。このままじゃいけないと、大した根拠もなしにシーマ（7638）を買い、週末の3連休は持ち越すことに。今は**低位株**ブームらしいし、週明け、何かのきっかけで爆上げするかも。

それにしても儲かる銘柄選びって、難しい……。

今週の宏志

2週目
10月3日～10月7日

口座残高
¥316,000

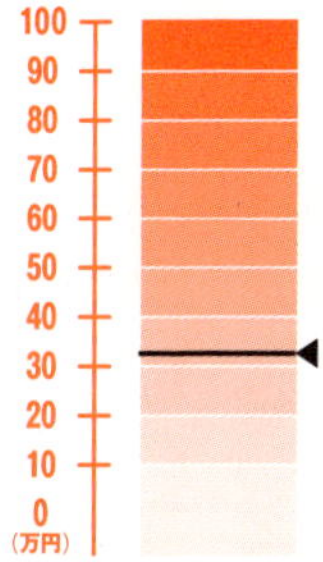

先週よりも口座残高はちょっと増えた。何とか三村クンの弟子にしてもらえたけど、元金50万円、そしてさらに儲けるまでの道のりは果てしなく遠い。簡単に儲けられる銘柄ってないかなぁ……。カブーフレンズでも参考にしてみようかな。

2週目

三村クンからのアドバイス

10月初め頃は東証1部・2部の銘柄が活況で絶好調。なぜまだ新興市場の銘柄をやっているのでしょうか？ その時々で勢いのある銘柄を売買しましょう。一般的に、**日経平均株価が好調なときは、銀行や金属などの大型株や、ソフトバンクなどのオーソドックスな株が上昇する場合が多い。逆に、日経平均が不調なときは、資金が新興市場に流れてきます**。覚えておきましょう。

あと、一つ小言を。宏志さんはちょっと、「デイトレ」にこだわりすぎですね。その日の株価変動だけでなく、銘柄の中期的な傾向も念頭に置いてください。

さて銘柄の選び方ですが、人気株は再び人気となり、急騰する可能性が高いのです。なぜなら、**一度上げた銘柄は、再び上昇の兆しが見られると過去の実績が買われて個人投資家がついてくる**から。それに、成長中のホットな会社って何かとニュースも多いので、急騰材料になりやすいのです。ですから、銘柄ボードに登録しておき、常に出来高や板、日足などをマークしておくようにしましょう。

ちなみに、**宏志さんが今週売買したペイントハウスはその代表例**です。人気株は、ひとたび株価が動き始めると人気が集中し、値幅がとれることが多い。常に、ウォッチしておくといいと思います。

また西友は、急上昇の最終局面で参戦したようですが、うまく上昇の「初動」を発見できなかったら見送るべき。気を長く持ちましょう。最後に、**連休前に大量に持ち越しするのは危険**です。世界のどこでテロがあり、天災があるかも。リスクが高いので避けたほうが無難です。

2週目

10月3日～10月7日

三村クンの格言!

人気株は再び人気になり、急騰する可能性大。銘柄ボードは常にチェック!

浮沈期

三村クンのアドバイスを聞き、損切りするようになって、ようやく少し儲かるようになった。精神的にも最悪の状況は脱したものの、なかなか大きく儲けることができない。小さく数回勝って大きく1回負ける。宏志、浮沈の時期到来

活況銘柄の上昇パワーを掴め！編

10月11日〜10月14日

③週目

（東証1部の活況な銘柄を狙うべし！）

日経平均の高騰で始まった3連休明け。いよいよ宏志の株投資も3週目に突入です。今の目標は、とにかく資金の50万円復帰。狙いは東証1部の活況銘柄。今週も、先週に引き続き損切りを意識し、東証1部の活況銘柄を、デイトレに固執せず銘柄の上昇パワーをうまくとらえて儲けてやる！　三村式を心掛ける。

さっそくシーマを手放し、値上がり率ランキングの常連で、連日急騰中の仕手株シルバー精工（6453）を売買。今週は、このシルバー精工の2回の売買で、

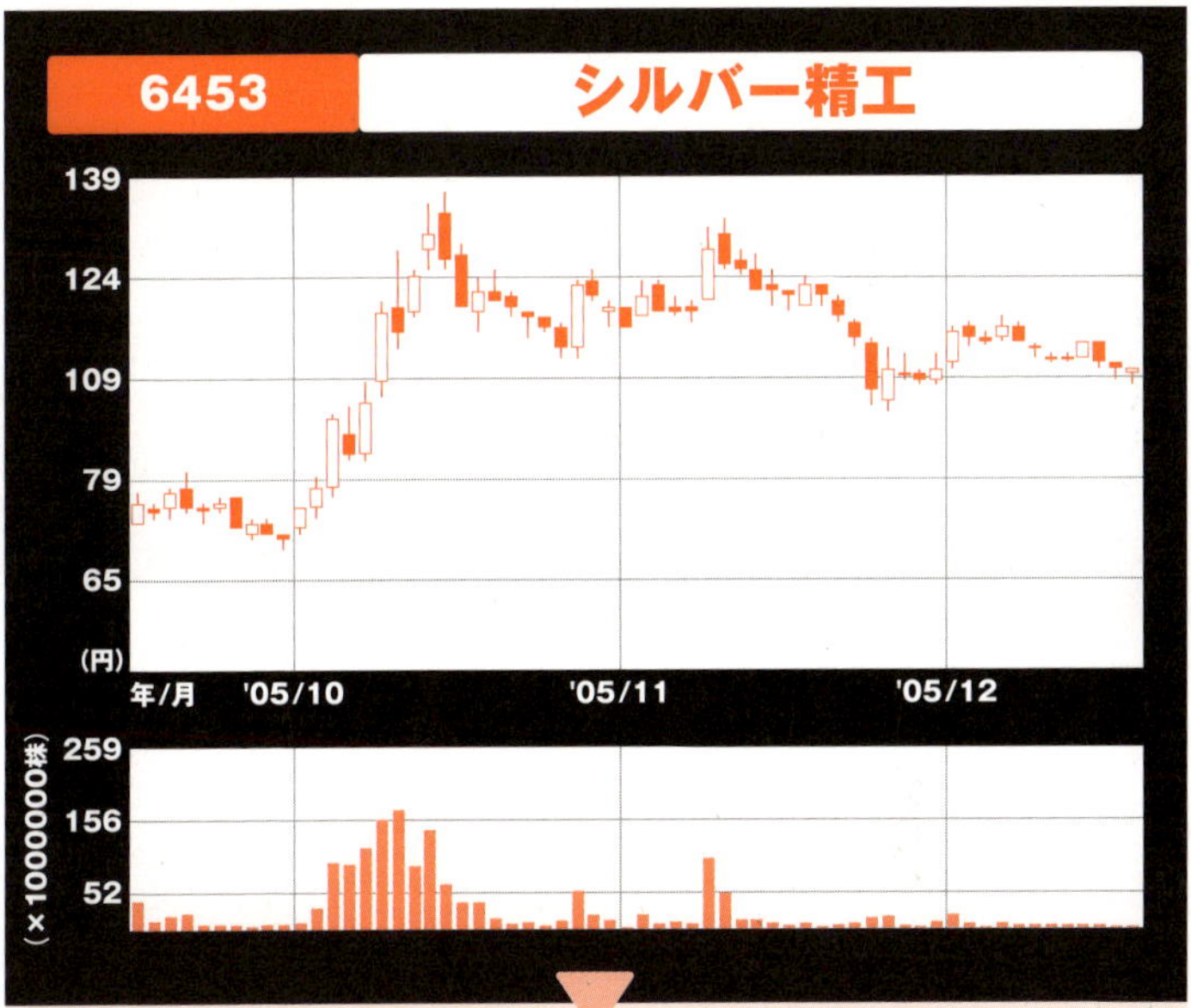

かなり三村式っぽい売買ができた銘柄☆

宏志が売買するのと時を同じくして、師匠の三村クンも売買していたシルバー精工(事前に銘柄を教えてもらったわけではありませんよ)。110円で買って116円で売り、127円で買って137円で売るなど、銘柄選びから売買まで、見事に成功した銘柄。三村クンからも「かなり三村式っぽいですね☆」と、☆をいただいてしまった初めての銘柄でもある。いったん下げ、ブームは終わったかに見えたが、30億円の転換社債を全額ライブドアに割り当てたことが思惑視され、再浮上したところを再び売買し見事に成功。いまだに何の事業をやっている会社なのか知らない。

約2万円儲けた。まず110円で2000株買い116円で売り、再び117円で2000株買い121円で売る。そして金曜日の後場で急騰したところを127円で買って翌週に持ち越す。これは三村式に一歩近づいた予感。

（小さな勝利に勢いづいて今週は話題株にも手を出す）

さて今週は、世の中を騒がせた大きなニュースがあった。楽天（4755）によるTBS（9401）株取得報道がそれ。楽天が筆頭株主に躍り出たとのニュースが入ったので、楽天の分足チャートを見ると、まだそれほど上がっていない。そこで1株8万6000円で2株買って翌日に持ち越すことに。夕方の三木谷氏の会見の内容次第で爆上げもある!?と期待した。しかしサプライズはなく、翌日の寄り付きでもそれほど上がらない。勢いがなさそうなので8万9000円で売り、6000円の儲けを確定させた。その後、楽天は続落。まだ何かあると期待して持ち続けるより、結果的にうまくいった。

監理ポスト

監理ポストとは、上場廃止になってしまう恐れの出てきた銘柄を、監視しながら暫定的に売買する証券取引所のポストのこと。上場廃止になると、証券取引所での売買ができなくなる。そうなる可能性が高い銘柄を投資家に周知させることを主な目的に、証券取引所は、この専用の取引ポストを設置し売買を行わせている。上場廃止の基準に抵触する可能性が出てきた企業に、その説明や改善を求める間に、この監理ポストに移して売買を継続させ、企業側の説明で上昇廃止の基準に抵触しないことがわかったり、企業側の努力で状況が改善されたことが確認されたりすれば、通常のポストに戻される。上場廃止が決定されると、その銘柄は整理ポストに移され、上場廃止までの期間売買されるしかし、またもや大きな失敗をしでかした。先週から気になっていた**監理ポスト**株のノース（6732）を週明けに4万8100円で買ったところ、今週は連日のストップ安。これ以上、損しないためにも、すぐに成り行き売り注文をだすべきだったのだが、「監理ポストを外れたら、ポスト入り前の15万円台まで株価を戻すはずだ」の持論と、ネットの怪情報を信じて持ち続けてしまったのだ。シルバー精工の儲けが、ノースの損失で消えた。とにかくいち早い監理ポスト脱出を一縷の望みに、翌週まで持ち越すことに。すると金曜日の大引け後に、ノース上場廃止決定！　という信じられないニュースが。真っ白になってしまった……。どうせ持ち越すなら、楽天のほうが、まだよかった……。

今週の宏志

3週目
10月11日〜10月14日

口座残高
¥332,000

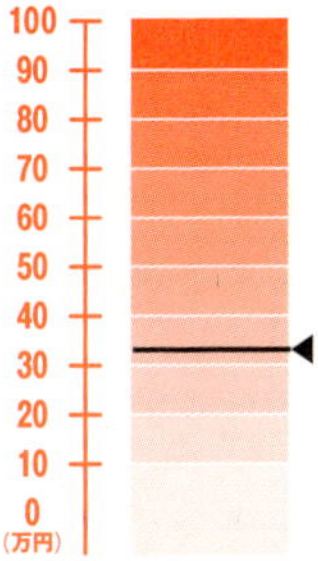

せっかく仕手株のシルバー精工や、TBS買収報道直後の楽天の売買で地道に儲けを出したのに、ノースの上場廃止で、これまでの儲けがパーになる可能性も。とにかく、一刻も早くノースが売れることを祈るしかない。また来週からコツコツがんばります……。

3週目 三村クンからのアドバイス

ノースの上場廃止はイタイ！　監理ポスト銘柄は、上場廃止直前の株価が下げている最中、突発的にマネーゲーム的な値上がりが起こることはあります。でも、ひとたび上場廃止が決定したらなかなか売れません。こうなったら心理的にも最悪です。常にリスクを計算しましょう。手を出すなら、あまり多く保有しないこと、持ち越さないことが鉄則。１株で本当によかったですね☆

【完璧な運用はムリ 上げているときだけ、とことん利用する】

一方、シルバー精工の売買はなかなかいいですね～☆。この銘柄は典型的な仕手株。仕手株は、株価が上げて回転できているうちは、上げ続ける可能性もありますが、ひとたび相場が冷めると下落リスクが拡大します。このような**値動きの激しい銘柄は、完璧な運用はムリ**なので、「上げているときはとことん利用して下げたら持たない」と心得ましょう。

またTBS株取得に乗り出した楽天株については、なんとも言えません。TBSとの共同持ち株会社の提案が受け入れられれば、株価は急騰するでしょうが、この段階で見切り発車的に短期売買しても、たいした儲けは見込めないでしょう。この種の株は、材料の方向性が見えてこないと大きく動かないので、扱いは難しく効率的ではないと思います。

3週目

10月11日〜10月14日

三村クンの**格言!**

値動きの激しい銘柄は、上げているときに徹底利用。下げたら即、撤退

地合いが悪いときは仕手株の出番

とにかく、今週はまずノースを何とかしなければ。三村クンからは、１株だったのがせめてもの救いというお言葉だったが、きっと内心あきれているはず。とりあえず毎日、成り行き売り注文を入れ続け、10月20日にようやく買い値の半額以下で売れた。約２万５０００円の損失。まあ、早く忘れよう……。

さて、ノースの損失分は、先週末１２７円で持ち越していたシルバー精工を、10円高の１３７円まで粘って売り、約２万円儲けてカバーした。しかしながらここまで一進一退、なかなか50万円復帰までの道のりは険しい。

そのシルバーも、１３８円の高値をつけた後、値を下げ出したので、しばらくは静観。再び上昇しだしたら、そのパワーに乗る方向で考える。

それ以外では、今週は日経平均が調整局面で地合いが悪かったので、材料株や仕手株など、個別に上がっている銘柄を狙い、少しでも上がったら利食うことを心掛けた。

ついに「高値掴み高値放し」を実践！見事炸裂するか!?

今週、買った主な銘柄は、スターバックス コーヒー ジャパン（２７１２）、シーマ、タスコシステム（２７０９）、森電機（６９９３）。

まずスタバは、株価が４万円を超えたあたりで強い上昇パワーを感じ、１株４万５００円で７株買って４万１９００円で売り、約１万円の儲け。シーマは、大幅に日経平均が下げていたにもかかわらず上昇していたので、１株43円で８０００株買って45円で売り、１万６０００円の儲け。タスコシステムは、10月20日の後場のストップ高付近で１株10万６０００円で３株買って翌日の前場で11万２０００円で売り、１万８０００円の儲け。一応、このタスコシステムの売買は、三村式「高値掴み高値放し」のつもりだったのだが、本家ほど強烈なインパクトがなくてスイマセン……。今の宏志には、これが精いっぱいの立ち回り。ここまでのところ、勝ちは小さいが3戦3勝。コツコツ利益を積み重ねてきた。

しかし残念ながら、森電機は負け。日経平均が1万3000円を割り込む中で、ボーっと値上がり率ランキングを眺めていたら、上位に入ってきたので、1株85円で1000株買ってみたのだが、そこがその日の高値だったらしく、売り板が厚くなり、85円の売りが多くなってきた。1円下げた84円で売り、1000円の損失。買値の85円よりも上げそうなら、さらに2000株買い増そうかと思って参戦したが、下げたのですぐに損切り。1000円の損で済んだのが何より。下げたら売る、上がりだしたら、また買えばよい（BY三村）。

今週の宏志

4週目

10月17日～10月21日

口座残高

¥391,000

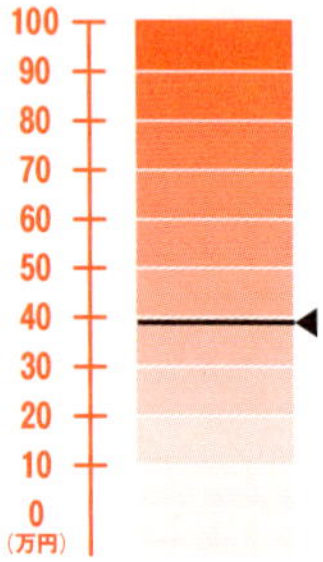

なんとか40万円のラインが見えてきた。ここから一気に50万円を突破したいところだが……。しかし、欲をかいて大きく勝とうと思っては、これまでの二の舞い。コツコツ利益を積み重ねることが第一だ。上げたら買う、下げたら売る、を徹底的に自分に叩き込む。

（高値掴み高値放しに一応、成功したものの……）

"システム"とつくからにはIT系の企業なのかと思っていたら、居酒屋の「高田屋」や「とり鉄」などの外食チェーンを展開していたタスコシステム。ジェイブリッジ社から出資を受けるなどの材料が出て、ストップ高になったところを、初めて高値掴み高値放ししようと試みた銘柄だ。結果は、本家には遠く及ばない、ショボイ高値掴み高値放しになってしまう。しかし後日、師匠から伝授された弱いストップ高と強いストップ高の見分け方をマスターし、スタバの高値掴み高値放しでは、10万円儲けることができた。きっかけはタスコシステム。

4週目

三村クンからのアドバイス

とりあえず、ノースが売れてよかったですね☆

成り行き売り注文したのは正解です。**ストップ安のときは、指値注文なんて余裕をかましている場合じゃありません**。なんとしても売買したいときは、成り行きに限ります。もちろん、ストップ高で買いたいときも然りです。

【これは意外に大事！ 三村式注文方法の使い分けを伝授！】

せっかくですので、注文方法の使い分けについてアドバイスします。

指値の使い方から説明しましょう。まずは買う場合から。例えば現在5000円の株の場合、いったんは5010円の売り板を目掛けて指値注文します。買え

指値
買値や売値を指定して注文を出すこと。ただし、指値で売り注文を出した場合、希望通りの買い注文が入らず、売買が成立するのに時間がかかることもある。少しの値段の読み違いで、買いどきや売りどきを逃してしまうこともある。そうしたリスクも考えて、成り行きか指値かを判断する必要がある

ない場合は、5020円か5030円で妥協してください。では売りの場合はどうか？　これは買いよりさらに妥協するべきです。同じく5000円の株だったら4980～4950円ぐらいに指して、売り発注をします。多少、売値が下がっても売り損なうよりはマシだからです。確実に売れる値段で売りましょう。**ここまで書くと、「だったら成り行きで売ればいい」と言われそうですね……。でも、成り行きで売ると急落した場合、急落後の下値で売られてしまうことが多いのです。これは気をつけてください！**　ヘタをすれば売るに売れなくなってしまう銘柄は、一瞬の寄り付きを大事にすることが大切なんです。失敗した株を欲張っている場合ではないですからね☆

【ド天井で売るのは不可能。利食いはほどほどに】

さて、話を宏志さんのトレードに戻しましょう。

シルバー精工の売り判断はいいですね～。この銘柄は、仕掛けはプロ筋でも買いの主体は個人投資家。このケースだと、商いは当日もしくは翌日に天井を打つ場合が多い。**とはいえ、「ド天井」を見極めるのは不可能に近いですから、ほどほどで利食いしているのは評価できますよ～☆**

次にスターバックス コーヒー ジャパンですが、この銘柄は寄り付きが500円高以上したときは、そのまま1000円高以上まで浮上していくことが多い。反対に、寄り付きで動きが鈍いとそのまま動かない。宏志さんが売ったのは最高の「売り場」でしたね☆

ストップ高で持ち越すときは ストップ高の強さを見極める

一方、ストップ高で持ち越したタスコシステムですが、この日は板に売りを残しての引けでした。**同じストップ高にも、「強いストップ高」と「弱いストップ高」があります**。**売りを残して、買いがまるで入っていないのが典型的な弱いストップ高。このような場合で持ち越すと、翌日の寄り付き後の高値を狙った投資家た**

ストップ高の強さ
三村クンの独特の表現。金言集（P150）にもあるが、例えば10万円の株が出来高4000株以上で100株の買いを残して引けたときと、1万株の買いを残して引けたときは、強いストップ高は後者。同様のケースで、100株ぐらいの買いしか残っていない弱いストップ高は、持ち越しても翌日下げるケースが多いので、注意が必要

ちの大量の売りが発生し、結局、値崩れしてしまうことが多い。
一方、**強いストップ高とは、引けにかなりの量の買いが残るような銘柄のこと**です。この場合、翌日はさらに株価が上昇することが多い。宏志さんが持ち越したタスコシステムのストップ高は、弱いストップ高。結果的にはよかったんですが、持ち越しにはリスクがあるので、何でもかんでもストップ高だからといって飛びつくことなく、自分の目でちゃんと判断してください。
最後に、**森電機は残念ながら不発弾でしたが、損切りがうまくなっているので、損が少ない。これは、今週の売買でもっとも評価できること**です。

4週目
10月17日〜10月21日

三村クンの格言！

高値掴み高値放しをするときは、買いの強さに注意して持ち越すべし！

今週はスイングトレードにも挑戦

5週目も引き続き、値上がりしたら、すぐに利食うことと損切り重視をトレードの目標にする。そろそろ50万円復帰が見えてくる!?

驕れる者も久しからず……あまりにも短すぎた、わが世の春

まず手始めに、アパマンショップネットワーク（8889）をスイングトレードし2万円の儲け。チャートを見ると、アパマンは05年の10月に14万円を割った後、徐々に上昇して15万円台まで再浮上していた銘柄。ここのところ不動産投資関連銘柄が好調だったので、アパマンショップを運営しているアパマンショップ

ネットワークも上がるかもしれないと連想して、1株15万2000円で2株買って16万2000円で利益確定した。**続いて得意のシルバー精工に大きな買い注文が入る瞬間に直面。日頃、この銘柄を定点観測してきた成果だ**。前場がもうすぐ終わるタイミングで、〝大人買い〟がたくさん入り、出来高の増え方が半端じゃない。この流れに乗り遅れるなとばかりに、1株111円で2000株買い。後場に持ち越して121円で利益確定。2万円の儲け。これはいい感じ。

ところが10月28日の金曜日に、シルバー精工を1株118円で2000株買って持ち越すと、なんと大引け後にシルバー精工の9月中間決算、3月決算ともに赤字というニュースが! 決算銘柄だったのを忘れてた〜。

今週の宏志

5週目

10月24日〜10月28日

口座残高

¥431,000

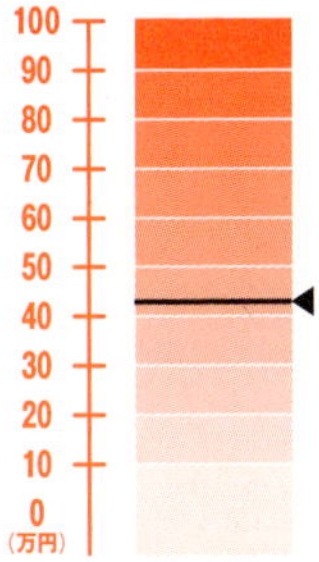

ついに資金40万円を突破。活況銘柄を利食いしたり、損切りできたりしさえすれば最強と思っていたのが、それだけでは足りなかった。銘柄の持ち越しは慎重にすべきだったと反省した。特に、決算銘柄の売買には注意が必要だ。失敗から学ぶことって本当に多い。

5週目

三村《クン》からのアドバイス

アパマンショップネットワークの売買は高評価です。**何日かかけて底値から浮上してくる株を選択するほうが、「急落リスク」が少ないので勝てる確率は高い**からです。いざ値崩れしても「いきなりストップ安で売れない」なんて事態にはなりにくいのです。

さて、話は打って変わって27日のシルバー精工ですが、これは運がよかったですね☆　なかなか、そんな場面には出くわしませんよ〜。ただ、仕手株はダマシも多いので要注意です。

例えば、買い板がかなり厚くて、すごく買いたくなるときがあるでしょう？　そのときはみんなが買いと思っているので自然に買いが集まります。しかし、それでも株価が上がっていかない場合は、筋が売っている、もしくは買いを入れていないということなんです。わざと買い板を厚くして個人投資家の買いを集めるのが彼らの狙い。ですから**仕手株は、買いも売りも大きな板についていくのではなく、大きな成り行き注文についていくのが正しい**んです。

「上昇→調整→再上昇これがチャートの形の黄金パターン」

ところで、宏志さんは売買のときに、ちゃんとチャートを見ていますか？　上昇率ランキングから銘柄をリストアップするのはいいんですが、チャートを確認していないため、結果的にリバウンド狙いになってしまった売買が、これまで何度もあります。「デイトレにこだわりすぎ」とはそういう意味です。

買う前にせめて日足チャートぐらいは見て、その銘柄が今、上昇中なのか下落中なのかを確認しましょう。

特にチャートの形が、上昇→調整→再上昇を示している銘柄は要注目です。ボクは、「高値圏で調整した後再浮上」という銘柄が大好きです。ただし、この「調整」の段階で、仕込むことはめったにありません。「調整」の段階では、上昇か

下落のどちらに転ぶか誰にもわからないからです。

例えば１５０円の株の場合、一気に２２０円まで上げて、その日のうちに２００円まで下げて調整し始めたら、ボクは機械的に売ってしまいます。その後、また２１５円まで上げてきたら「これは強いな」と再度注目します。もっと長いスパンの場合もだいたい一緒です。

さらに、直近の高値を更新するようなら、「いよいよこれは天井を抜けたか」とさらに強い上昇を期待するのです。このように、銘柄はあくまで上昇過程にいるときに注目してください。

5週目

10月24日〜10月28日

三村クンの格言！

日足チャートも見て、その銘柄が上昇中なのか下落中なのか確認すべし

チャートをよく見て体に染み込ませろ!!
こっ…こんな かんじか…!?
プル
プル
プル
プル
プル
プル
プル

開眼期

思えば、あの日が懐かしい。ようやくここまで、たどりついた。当初は軽く儲けてみせるはずだったのが、ずいぶん時間がかかってしまった。しかし、これまでの努力がついに実を結ぶときがきた！　宏志ついに三村式開眼か!?

チャートで銘柄の動向を把握する編

10月31日〜11月11日　⑥週目

（買う前に必ず日足チャートを確認）

決算発表銘柄とは知らずに、週末持ち越ししてしまったシルバー精工は、さっさと10月31日の寄り付きで売却した。ひとまず6000円の損ですんで一安心。今度から、持ち越す際には忘れずに決算発表銘柄かどうかの確認をしなくては。週末をドキドキしながら過ごすのは、もうイヤだ。さて、三村クンのアドバイスどおり、**ローソク足**の勉強をして、今週からは銘柄選びの際に、ちゃんと日足チャートを見ることにした。そこで気になったのが日本ファルコム（3723）。こ

ローソク足（日足／週足）

一定期間の始値、終値、高値、安値の4本値の推移を一目でわかるように示した、ローソクの形をしたチャートのこと。始値と終値の間は箱型、高値と安値の間はヒゲと呼ばれる線で示す。箱型部分は、始値より終値が高いときは白、低いときは黒で表示するのが一般的。期間の取り方はいろいろで、1日の値動きは日足、1週間の値動きは週足という

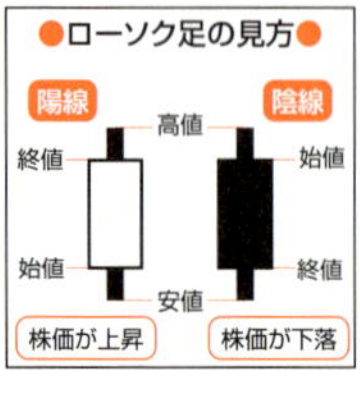

3723 日本ファルコム

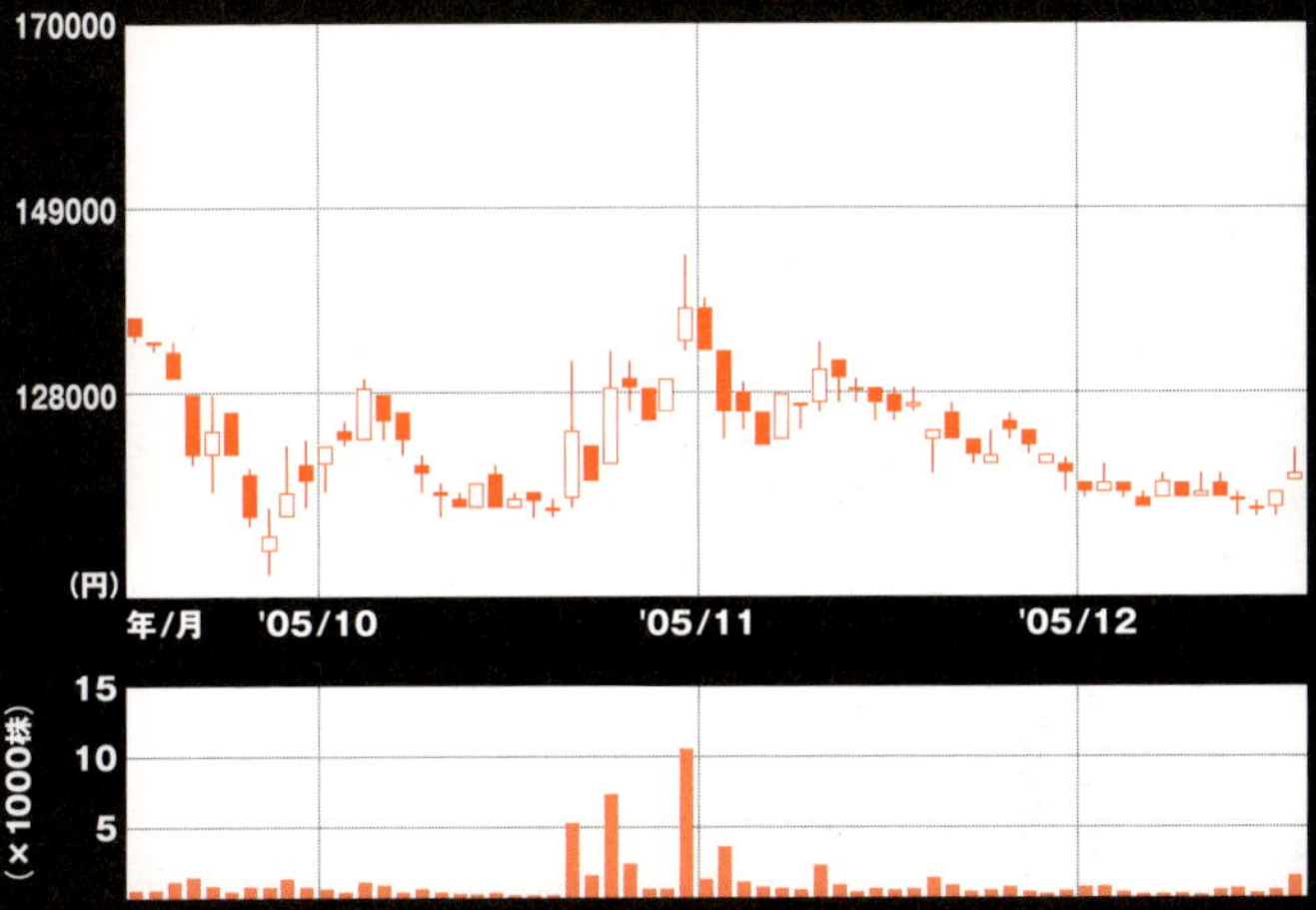

(萌え株ブームが終わっても注目した成果が!)

子供の頃、「イース」の熱狂的ファンだった宏志。日本ファルコムの本社がある、立川市周辺に住んでいたこともあり、妙に親近感を覚えていた。05年は、萌え株ブームや株式分割で急騰したが、宏志が買ったのは3か月に及ぶ横ばい推移から上昇モードに入ったところ。ほとんど出来高がなく、値動きもなかったのだが、毎日定期的に観察していたからこそ気づいた、上昇の初動だった。宏志の観察では、この銘柄の値動きは特異。萌え株はもちろん、ほかのマザーズ銘柄とも違う値動きをするのだ。ほかが下げたときになぜか上がる不思議な銘柄。今後も注目している。

の銘柄に目をつけたのは、3か月の日足チャートで見たら、ここ最近、横ばい推移だったのと、いつもは1日の出来高が1000〜2000株程度だったものが、この日は寄り付きから前日比4000円高で始まり、前場の早い時間から、出来高が1000株を超えていたからだ。1株13万6000円で3株買い。あっという間に14万円を超えたので、板の勢いを見て、14万3000円で売り、利益確定した。**テクニカル**なことはまだわからないけど、チャートを見ることの重要性は、少しわかった気がする。

得意な銘柄ができたのか 同一銘柄で何度も利食うことに成功

翌11月1日は、ジャストシステムが1590円まで下げた後、また節目の1600円を超えそうだったので注目。1株1600円で300株買い次の節目の1650円ですべて売却した。さらに、翌日の寄り付きで前日終値より高く寄り付いて始まっていたので、再び1株1850円で200株買った。1900円を突

テクニカル
ファンダメンタルとは反対で、ある特定の銘柄の状況や動向をいう。株価や売買高、売買代金の推移、株価チャートなどのデータを分析し、将来の株価を予想する手法を「テクニカル分析」という

宏志が三村式を学んで成長を実感できた銘柄

一太郎やATOKでおなじみのジャストシステム。05年9月中旬に、松下電器との特許訴訟に勝ち、年初来最高値をつけた後、急落。しばらく沈黙したまま横ばい推移を繰り返していた。しかし11月後半から上昇モードに入り、いちよし証券が出したレポートが材料となり、再び急騰した。これも日本ファルコム同様、横ばい推移中も毎日、観察していたからこそ、上昇の初動に気づき、何度も利食えた銘柄。しかしながら非常に乱高下が激しく、かつて日本興業で失敗したときのままの宏志だったら、うまく上げているところだけを利用できなかったはず。

破し1940円も超える展開に、これは1950円の節目も超えるかと思って期待していたが、徐々に売りが優勢になってきたので1921円で手仕舞いした。

次にシルバー精工が前日終値112円から上げていたので、1株116円で3000株買い120円を超えたところで売り、利益確定。気分はすっかり、いっぱしのトレーダーだ。今週は、かなりいい感じでトレードできている。しかし「儲かっているときも冷静に」を思い出し、興奮しないよう心掛けた。

続いてA・Cホールディング（1783・旧南野建設）を1株84円で5000株購入。節目の90円超えは厳しそうだったので89円で売り。**儲けるためには、ほどほどで利益確定することが大事だと、ここでも自分に言い聞かせる。**

これまでの最大の儲け！（高値掴み高値放しが炸裂!?）

さらに7日、連日続伸の三菱自動車（7211）を、1株310円で1000株買い325円で売り、翌日再び350円で1000株買い358円で売る。続いて9日、アパマンショップネットワークが高く寄り付いたので、1株16万3000円で3株買い17万2000円で売る。1日1トレードといった感じ。

そして10日、スターバックスを節目の5万円で10株買って、なんとストップ高で2日間持ち越した。ところが3日目、その日は、仕事で徹夜明け。なんと寝坊してしまい、前場の引け前からの参戦。寄り付きで高値で手放したかったのだが、残念。かっこよく決めたかったのに……。慌てて6万円で売り利益確定した。それでもこれでプラス10万円！

まだまだ三村式免許皆伝とはいかないが、とりあえず今週で、奇跡のV字回復達成！　とにかくまずは、三村クンに感謝のメールを打たなくては。

今週の宏志

6週目
10月31日〜11月11日

口座残高

¥632,000

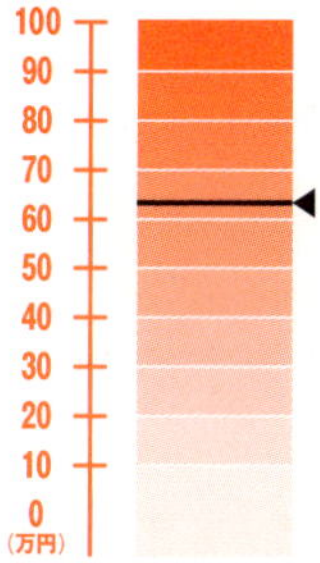

ようやく当初の50万円まで資金を戻し、そして儲けを出すことができた。三村クンのアドバイスあっての復活だ。とにかくよかった〜。あとは、ここから先どこまで成績を伸ばせるのか。3億円はムリでも、目指すは三村式の免許皆伝。このまま上昇モードに突入だ！

6週目

三村クンからのアドバイス

31日の日本ファルコムの売買は良かったですね。**出来高が、前場の早い時間からすでに1000株を超えていたところに注目したのは立派**です。

ジャストシステムの売買もかなりうまい。調整がしばらく続いていましたがそろそろ反発という位置でしたから、短期投資のタイミングとしては絶好でした。当日に、**前日の終値よりも高く寄り付いたところに注目したところも大正解**です。**高く寄り付いて、出来高もそれなりに多い場合は、その後、高騰する可能性が高い**ですからね。売り場についても、いったん高く見ておいたものの、ムリそうかなと諦めて1921円で利益確定しているのも好ましい。これはイイ感じの三村式ですね～☆

この日はシルバー精工も絶好調でしたね。ボクは118円で買おうと思って待っていたら買えず、120円で買って119円で損切りしたくらいです。宏志さんが、**シルバー精工の動きを毎日見ていたのがよかったんですね。日々モニターしていれば、その株の習性がわかるようになります。**特に**新興市場で何本か得意な銘柄があって、何度もその株で利食いしている人は多い**です。

4日のA・Cホールディングの売買もやりますね～。84円で買って89円で売ったなんて素晴らしく上手。ボクはリバウンドが苦手なので、そんなにうまく取れないですよ～。さらに7日の三菱自動車では、崩れてから手を出さないのもいいと思います。強いときについていくトレードが身につきましたね☆

6週目
10月31日～11月11日

三村クンの格言！

高く寄り付いて、しかも出来高が多い場合は、その後、高騰する可能性大

大きく勝って小さく負けろ!?編

11月24日～11月29日

7週目

一息ついてトレード再開

とりあえず、50万円を突破してホッと一息。正直、これで少し落ち着いてトレードできるようになりました。と思ったら、風邪で体調を崩してしまいました。その間は、少しトレードは休みました。三村クン曰く「デイトレしないのもデイトレ」ですから。その間も日経平均はグングン上昇。右肩上がり。どこまで上がるのだろうという展開。2週間ほど休みましたが、再開です。

なんとなく銘柄の習性がわかってきた ジャストシステムで4万円の儲け！

11月24日、**ここ2週間まったく入れ替えていなかった銘柄ボードの中で、ジャ**

ストシステムの買い板が厚くなり上昇気配を示していた。この日は、ハイテク関連銘柄が、軒並み買われていたからだろうか？　日足チャートを見ると、小幅ながら、緩やかな上昇の形を示している。

とりあえず、ジャストシステムの板を眺めながら、１７００円の節目を超えたら買ってみようと、様子をうかがっていると、ついに１７００円の売り板が食われ始めていく。歩み値で買いが続いているかを確認して、前場の早い段階で１株１７００円で３００株買ってみた。その後も、順調に株価は上げ、１７５０円、１８００円の節目では多少もみ合うものの、グングン値を上げるジャストシステム。これは１８５０円も突破するか？　そろそろ大引けも近い。売って利益確定するか、高値で引けるようなら翌日まで持ち越すか、とドキドキしながら、引き続き様子を見守っていると、１８４０円の売り板に到達し１８５０円が見えてきたところで、徐々に買いが減り、売りが増えてきている。どうしよう……。とりあえず、十分な利益が出ているし、いったん利益確定だ。大引けギリギリのところで１８３５円で売り、約４万円の儲け。これは順調な滑り出し。宏志の投資も安定してきたか？

短期投資する際の損切りの大切さを痛感

ところが、うって代わって28日は不調。前週末の値上がり率ランキングに入っていたので銘柄ボードに登録していたプラネックスコミュニケーションズ（6784）が、気になった。チャートは右肩上がりだったし、前週末、直近の高値を更新していたからだ。

この日のプラネックスの寄り付きは22万5000円。とりあえず、そこで3株買って様子を見守る。順調に株価は上昇し23万円の節目を突破。前週末マークした23万2000円の高値を更新しそうな予感。今日もうまくいくかも。

しかし、ここで時間切れ。宏志もサラリーマン。本業があるので、ずっと相場に張りついてもいられない。打ち合わせのため、1時間ほどパソコンの前を留守にする。利益確定するかどうか迷ったが、3株保有したまま、パソコンの前を離れる。最近、儲かっているから、少し気が緩んでいたのかも。1時間ほどで戻っ

(儲かって気が緩んだ宏志の失敗銘柄その1)

宏志宅の3台のパソコンを繋ぐLANケーブル（無線LANじゃないのが悲しい。まあ狭い部屋なので）やハブなどは偶然にも、このプラネックスコミュニケーションズの製品。ネットワーク機器の開発・販売を手がける同社はファブレスで、製造は中国に委託している。日足チャートで見ると、宏志がプラネックスを買ったタイミングは数日間下げた後のリバウンド。決して、三村式の買い場としてはいいところではなかったのだ。忙しさにかまけて、チャートの確認を怠ったことと、買ったまま放置したことが敗因。余裕がないときの短期投資の典型的な失敗例だ。

て、プラネックスを見てみると、その日の始値を下回り22万円まで下がっているではないか。やはり、売っておくべきだった。すぐに成り行き売り注文を入れ、21万9000円で売れる。1万8000円の損失だ。やはり、乱高下の激しい新興銘柄を短期で買うときは、パソコンから目が離せない。冷静に考えると、打ち合わせの前に買うべきじゃなかった。もしかして損切りせずに数日、様子を見たほうがよかったかなあと思ったが、数日後プラネックスのチャートを見てみると、その日が株価の天井。28日以降、日足チャートの形が右肩下がりになっていた。横ばい推移の調整局面がない形の急上昇銘柄を高値で買うときは、注意が必要かも。とにかく迷わず損切りしていてよかったあ。

ほかにも、この日はネクストジャパン（2409）を1株25万7000円で2株買って、25万4000円で損切り。マイナス6000円。ライブドア（4753）を1株542円で買って、537円で損切り。マイナス5000円。3戦3敗。しめてマイナス2万9000円の大惨敗。ネクストジャパンもライブドアも日足チャートの形は右肩上がりでよかったが、買いのタイミングが悪すぎたと反省。まあ、仕方ないかな、プロじゃないんだし。

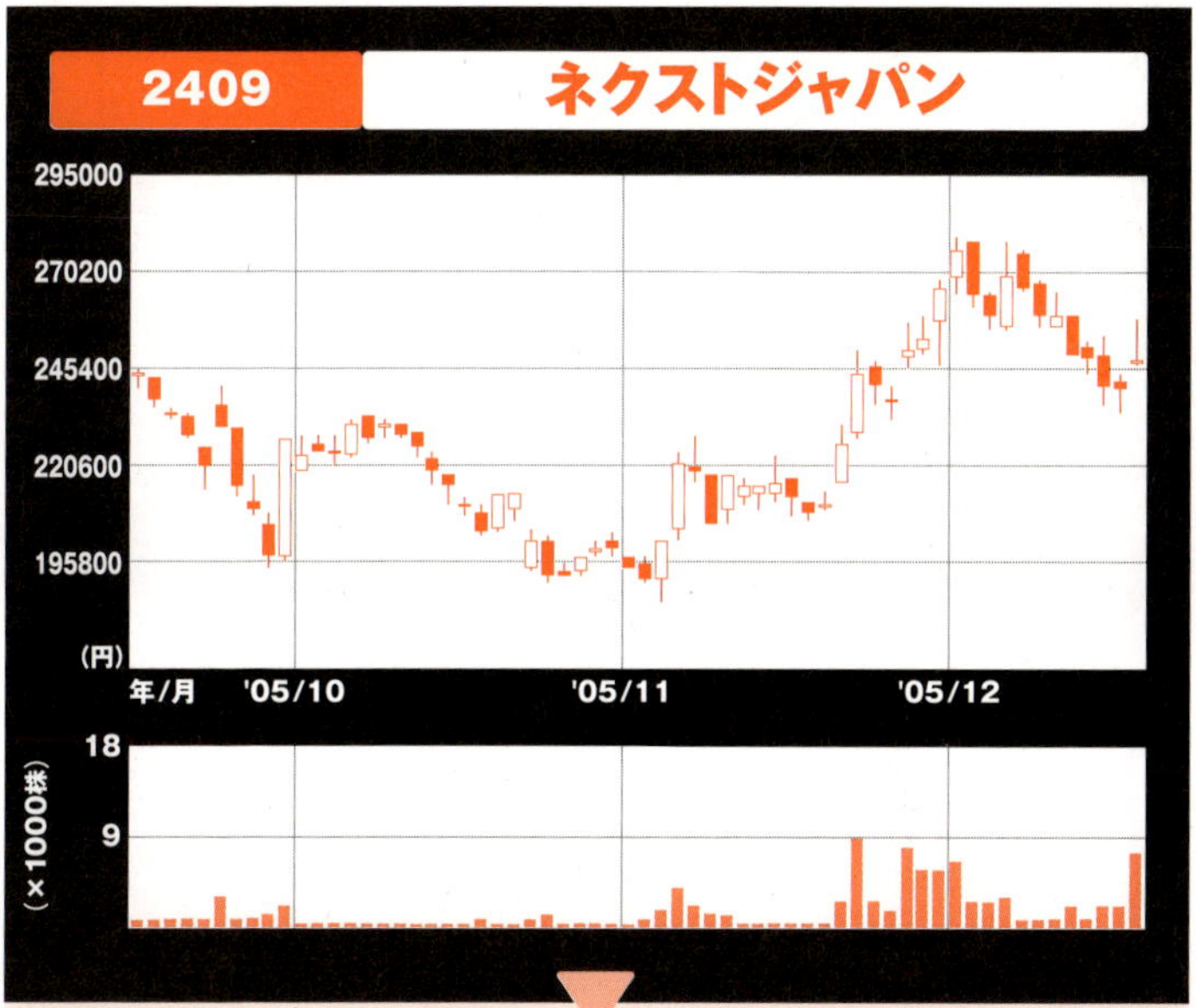

(儲かって気が緩んだ宏志の失敗銘柄その2)

プラネックスコミュニケーションズに続き、宏志が失敗した銘柄。チャートも見ずに、値上がり率ランキング上位の銘柄を買ってしまった結果、損をしてしまった。後から確認した日足チャートの形は、緩やかな下落から上昇し、急騰→急落→再急騰。しかし前回の急騰でつけた高値を更新すると、一気に下落。ちゃんとチャートを見ていたら、買わなかった銘柄だ。時間消費型会員制複合レジャー施設「JJCLUB」を運営しているとか、株主優待券があるとか、若槻千夏がTVCMしているとかを知ったのは、損をした後。でも、これはこれでおもしろいかも。

値動きが激しい銘柄の上昇局面をとらえることに挑戦

翌29日、今日も相場を見ていられる時間が限られていた。長期投資ならともかく、短期投資で、しかも1日の限られた時間内でトレードして、儲けるためには、乱高下が激しい銘柄の上昇局面をうまくとらえるしかない。失敗したときのためにも損切りだけはしっかりしたい。

まずは前日、売買に失敗したライブドアに目をつける。日足チャートは右肩上がりだから、売買のタイミングさえうまくいけば、儲けられるはずだ。

そのライブドアを、寄り付き後1株555円で1000株買う。前日の教訓を活かして、自分が板を見ていられる時間内で手仕舞うつもり。値動きを見ながら、580円で売り、上昇している間に利益確定。2万5000円儲かった。雰囲気的には、もうちょっとがんばれそうだったが、時間ぎりぎりまで持って下げてもイヤなので。とりあえず気持ちよく仕事に出かけられる。

(06年の流行語はライブドアショック!?)

もはや伝説、もしくは過去の銘柄になってしまったライブドア。05年はニッポン放送買収、堀江元社長の衆議院選出馬など、何かと話題になり、一般投資家にも人気があった銘柄だ。宏志が買った時期は、約3か月の横ばい推移から上昇モードに入り、右斜め60度へ一直線。その上昇中に売買し、儲けることができた。同時期に、師匠の三村クンも何度も売買し利食っていたのは、さすが。しかし、年が明けて06年。株式市場に大混乱を起こしたライブドアショックとともに監理ポスト入り。そして……。あまり多くは語るまい。

続いて、再びパソコンの前に戻ってきた後、ネクストコム（２６６５）に目をつける。この銘柄も10月中旬に株価が底を打った後、日足チャートが右肩上がりで上昇中の銘柄だった。

節目の19万円で3株買う。このネクストコムの株価がもみ合っている間に、ほかに何かいい銘柄がないかと、値上がり率ランキングや銘柄ボード、ニュースなどを物色する。特に目ぼしい銘柄はなさそうだ。一巡した後、再びネクストコムの板に目を向けると、なんと売り気配に。19万円の節目が崩れると一気に売りが優勢になる。これはマズイ。すかさず成り行きで3株の売り注文を入れる。18万8000円で売れる。6000円の損。

今週の宏志

7週目

11月24日〜11月29日

口座残高

¥662,000

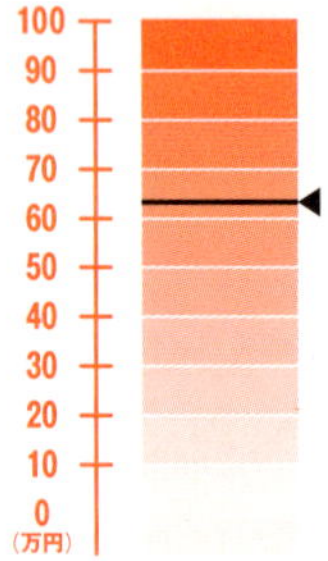

今週は、活況な銘柄の上昇局面をとらえにいって2勝4敗だったが、金額的には3万円のプラス。プラネックスの売買では損切りが遅れたため、最近にしては大きなマイナスに。でも、そこでキチンと損切りしたことが結果的によかった。

(儲かって気が緩んだ宏志の失敗銘柄その3)

ネットワークインテグレーション事業やシステムインテグレーション事業を手がけるネクストコム。同社のホームページには、ネットワークインフラセキュリティ、IPテレフォニーなど、やたらと片仮名が頻出する。これを先に見ていたら、買わなかったかもなあ、と損した日の夜、宏志は独りぼやいたのだった。というのは損した自分への言い訳。宏志が買った時期のチャートの形は、先に失敗したプラネックスやネクストジャパンと違って、年初来最高値を更新した絶好のタイミング。単に宏志の買うタイミングが悪かったと素直に認めるしかない。

7週目

三村クンからのアドバイス

ジャストシステムは、松下電器との特許紛争のときに乱高下していた銘柄。一度、人気に火がつくと、意外に高くなる可能性を秘めた銘柄のようですね。**ここしばらくは、横ばい推移でもみ合っていましたが、もみ合いから抜け出して、上昇している銘柄をマークすることは、いいと思います**。

ボクも後から、24日のジャストシステムの値動きを見てみましたが、うますぎて何も言うことがありません。１７００円で買って１８３５円で売るなんて神業ですよ~☆　これはボクにもムリかも。

プラネックスコミュニケーションズを、その日の始値で掴んでしまったのは仕方ないとしても損切りが遅いですね。サラリーマンの宏志さんの場合、ボクのような専業トレーダーと違って、相場に張りついていることはできませんから、**忙しいときに、ムリして値動きの激しい銘柄を売買するのはリスクが高い**。狙う気持ちはわからなくはないですが、乱高下の激しい銘柄なので、扱いには十分注意が必要です。ネクストジャパンなどの銘柄も、その日の高値で買っていますが、きちんと損切りできていたので、いいと思います。**損切りさえできれば、少しぐらい買うタイミングが悪くても、損失は限定されますから**。

ライブドアは株価が500円を突破して勢いづいてきました。チャートの形は右斜め60度へ一直線。上昇モードに入りました。狙いも、売買のタイミングも、こちらはバッチリだと思います☆

7週目

11月24日〜11月29日

三村クンの**格言!**

もみ合いから抜け出した上昇銘柄を徹底マークせよ!

新興不動産ブームに乗れ！編

12月1日〜12月22日

8週目

活況な業種の銘柄に集中投資

12月1日。05年、最後の1か月がスタートした。今月は、久しぶりにＩＰＯ銘柄が多い。でも資金的な問題で、宏志はＩＰＯ銘柄を売買できない。ＩＰＯブームで、新興市場全体が活況になればいいなぐらいの気持ちです。

横ばい推移のチャートの銘柄に好材料が出たので成り行き買い

さて、先週末に上方修正を出していた日本駐車場開発（２３５３）に成り行き買い注文を入れ、１株１万８１５０円で30株買う。１万８６００円を超えたあたりで、買いが続かなくなり、売りが増えてきたので、成り行き売り注文。

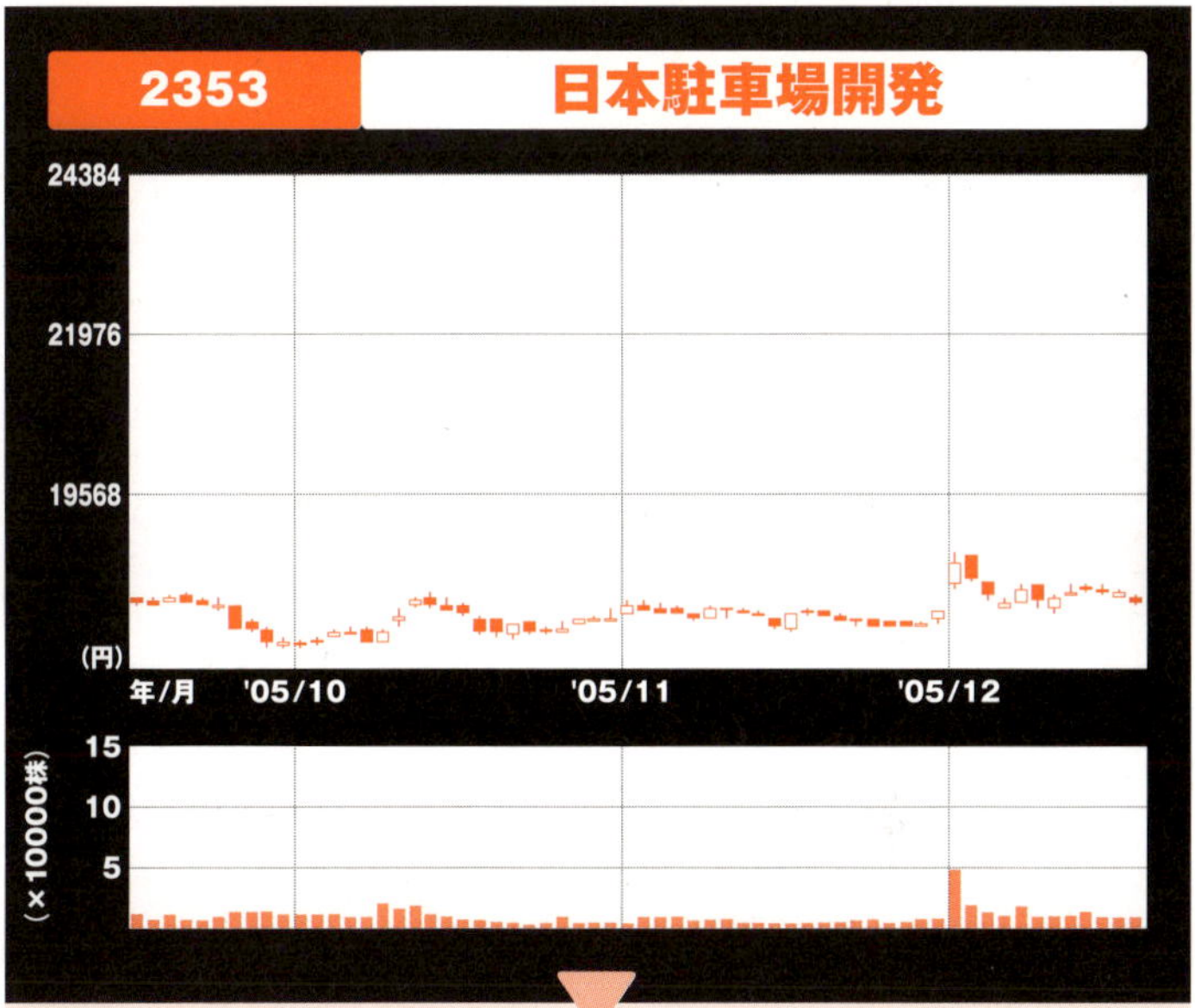

（短期売買に固執しなければ今頃は……）

06年は、駐車違反の取締りが厳しくなるという。そんな情報が入った後に、駐車場関連という銘柄ボードを作り、パーク24（4666）などとともに登録していた銘柄の一つ。そんなときに上方修正の好材料が出て、株価は長い横ばい推移から、ちょっとした変化を見せ上昇。しかし思ったほど値幅が取れず、それほど儲かりはしなかった。失敗したのは、この銘柄が12月後半から爆上げ、宏志が売買した1万8000円台から1万以上の高値をつけたのだ。駐車違反の取締りが厳しくなることから連想買いしたのなら、短期売買に固執せず、中長期投資すれば良かった。

1万8620円で30株売れた。1万4000円の儲け。

この日本駐車場開発。日足チャートを見ると、3か月以上横ばい推移を続けていたので、上方修正という好材料をキッカケに上離れを期待したのだが、思ったほど、ドーンと上がらなかった。残念。

〔三村クンの取材で名古屋遠征。三村式を実演してもらう〕

第1章でお伝えしたとおり、「みずほショック」翌日の9日。SPA!取材班の一員として、宏志は名古屋に日帰り遠征。三村クンのトレードを見るのは、半年ぶりだ。久しぶりに目の当たりにした三村ボードには、宏志が見たことない銘柄がギッシリ。特に、このときは直近IPO銘柄が多かったので、当然といえば当然。資金的に手が出ないIPO銘柄は、値上がり率ランキングで見かけても、いつもスルーしていたからだ。しかも、取材班の期待どおり、ジェイコム（2462）株を買っているし……。さすが師匠！

2462 ジェイコム

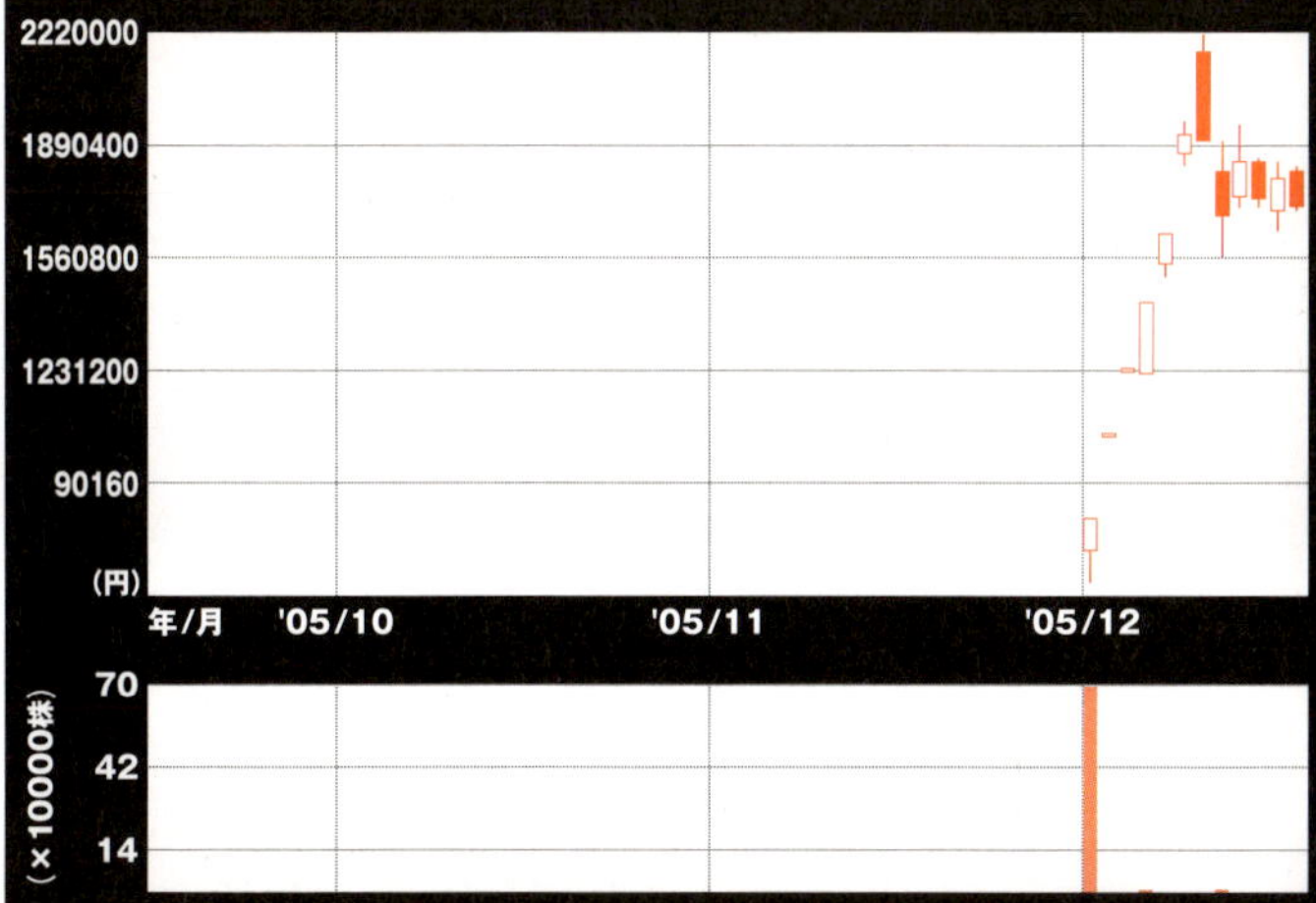

(力の差は歴然。やはり本家はスゴイなあ)

言わずもがな、みずほショックで話題になったジェイコム。資金的に売買できない宏志は、IPO銘柄にはまったく注目していなかったため、みずほ証券の誤発注に気づくわけもなく。しかし、そこはさすがの師匠。名古屋に取材に行ったときの第一声は、ニコニコしながら「ジェイコムちゃんと買って待っていましたよ〜☆」。しっかり50株買っていた。これには宏志はじめ、SPA! 取材班も脱帽。3億円大学生トレーダーの手腕には恐れ入りました。強制決済後も値を上げ、その後もチャートの形がそれほど崩れていないIPO銘柄。京樽とは大違いだ。

ここのところよくCMを見かける
ウォルマート系の西友に注目

ウォルマートの子会社になり、ここのところ日足チャートが右肩上がりの西友（８２６８）。カブーフレンズでも何度か名前が挙がっていたこともあり、１か月ほど前から、銘柄ボードに忍び込ませていた。今週アメリカから、やり手とウワサの新ＣＥＯが来日するからなのか、最近やたらとＣＭを見かけるので、そういえばと思い出し、ちょっと注目してみた。**チャートの形は悪くなさそうだし、新ＣＥＯ来日直前に悪材料は出さないだろう**と、12日の寄り付きで１株３４８円で１０００株買い、３５１円で手仕舞いした。３０００円の儲け。ちなみにこの日の高値は３５２円。翌13日にも１株３４０円で買って３４３円で売る。今度もプラス３０００円。ちなみにこの日の高値は始値の３５０円。さすがにもう材料はなさそうだし、大きな値上がりは期待できないか。資金が少ない宏志向きの銘柄じゃなかった。これは参戦するタイミングに失敗した感じ。

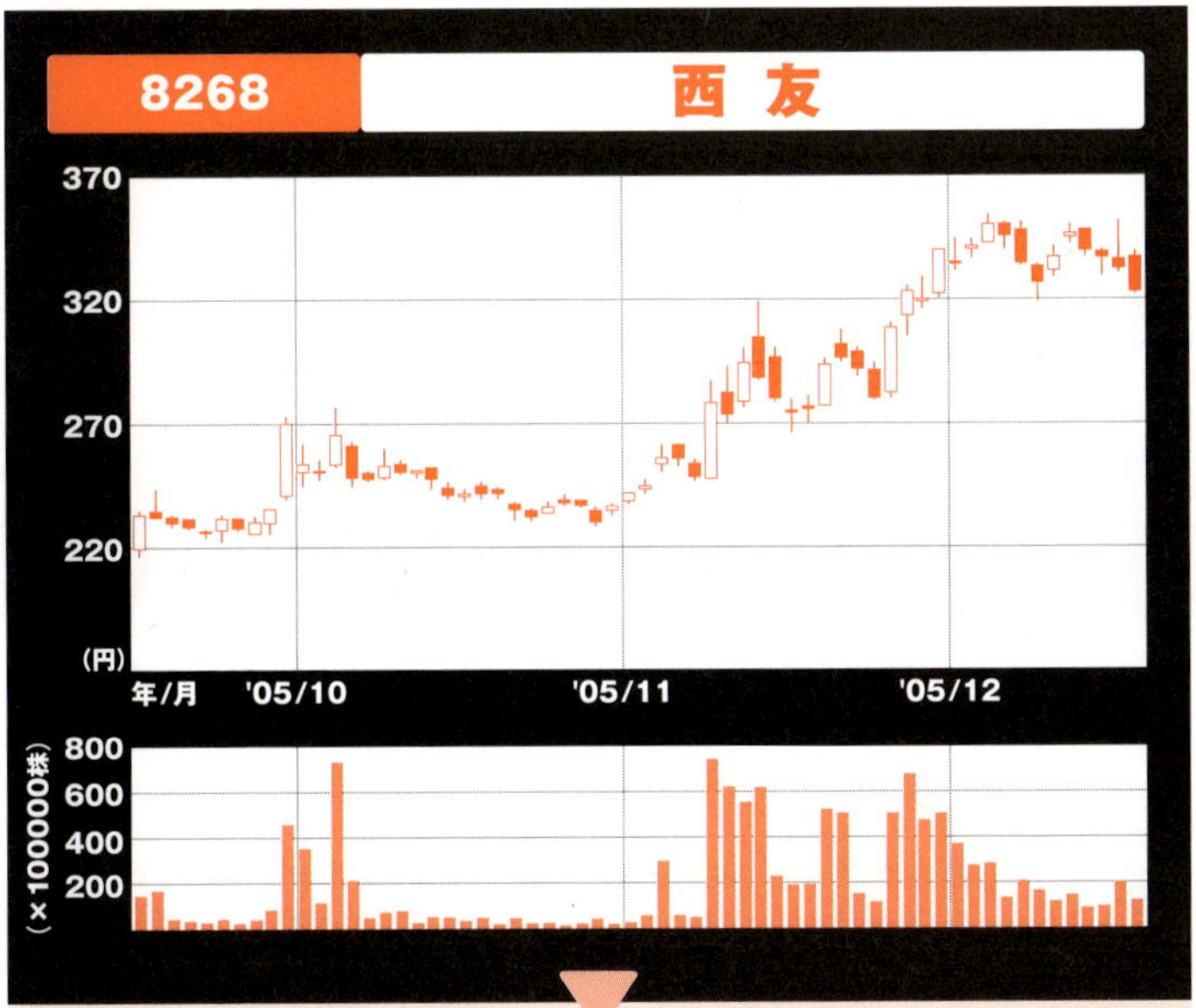

（せっかくの情報や材料もすべては扱い方次第）

カブーフレンズでも何度か推奨されていたことがある西友。宏志宅の近所には24時間営業の店舗があり、帰宅が遅い宏志は大助かり。しかし売買のほうはといえば、ウォルマートの子会社化やアメリカからやり手の新CEO来日など、好材料が出たにもかかわらず、宏志は買うタイミングが悪く、たいして儲けられませんでした。ただ、日足チャートの形は緩やかな右肩上がり。そういえば、カブーフレンズでも西友は長期で推奨していたかも。ウォルマート傘下になってからの成果が現れるのはこれから。少し長い目で注目してもいい銘柄だと思った。

この日は、ほかにジャストシステムを1株2320円で200株買って、2400円の節目で売り、1万6000円儲けた。

（最近、ブームの新興不動産銘柄に挑戦！　これはスゴイ）

今度は新興不動産ブームに宏志も乗ってみようと、夜に銘柄研究をした。クリード（8888）、リサ・パートナーズ（8924）、ケネディクス（4321）、そしてダヴィンチ・アドバイザーズ（4314）など、日足チャートが軒並み右肩上がり。でも、確かにこの業種は勢いがあるのだが、**どの銘柄も宏志にはちょっと高すぎる。割安な不動産関連銘柄はないかなあと、探していると一つの銘柄に出会う。それはアルデプロ（8925）**。日足チャートが、9月ぐらいから緩やかな上昇カーブを描いていた。その緩やかさは、短期投資には不向きそうなのだが、12月に入って12万円を超えると、その右肩上がりの上昇度が鋭角になりつつある。それにつれて出来高も増えている。

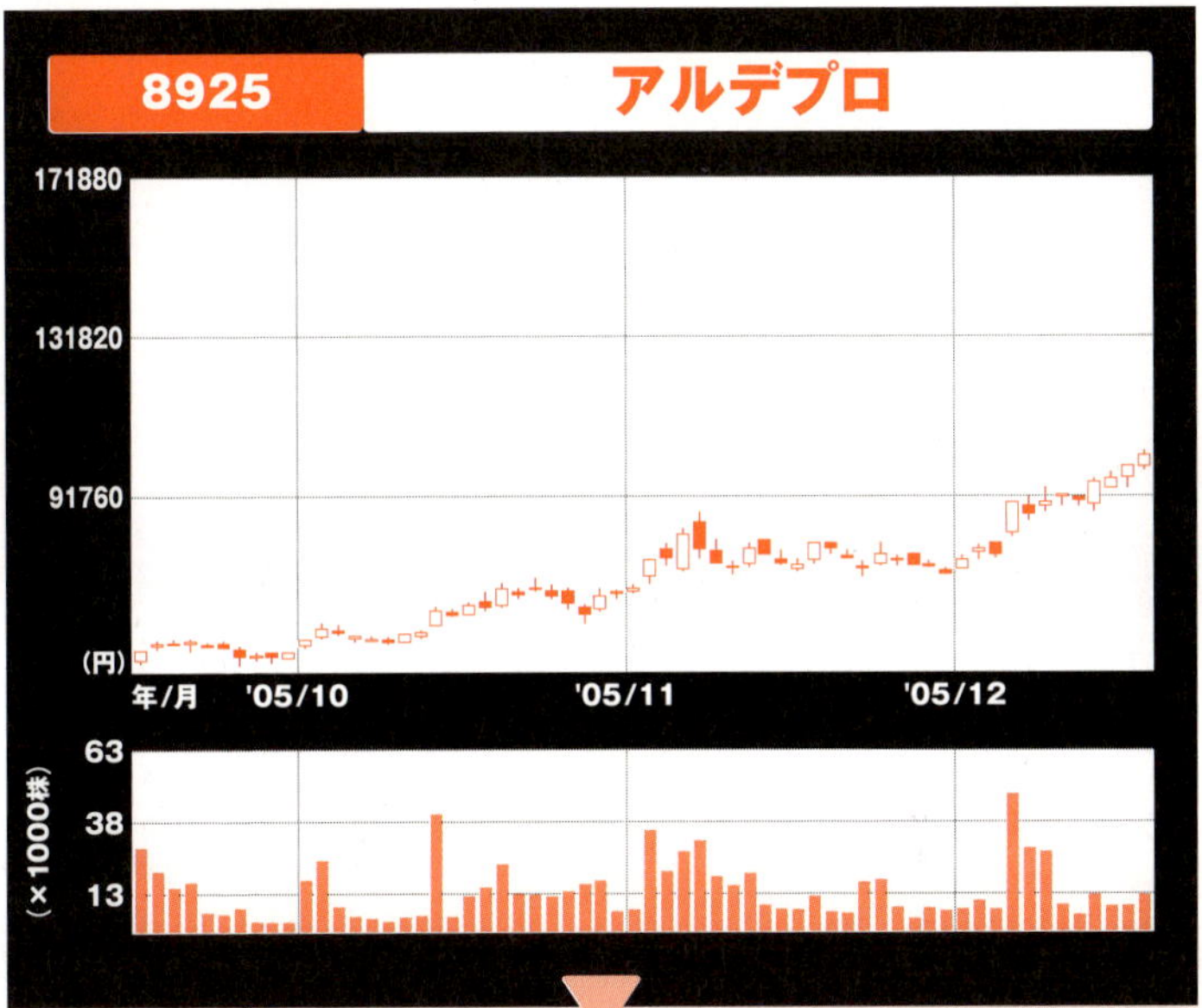

今回、最大の功労銘柄はコレだ!

新興不動産銘柄が活況ということで、宏志が初めて銘柄研究をして見つけた快心の銘柄アルデプロ。社宅や寮などの中古マンションを買い取って再販している企業だ。三村クンが売買しているクリードやIDUは宏志には高すぎる。ましてやダヴィンチなんて憧れの銘柄。そんな苦悩の中で出会い、儲けることができた。偽装マンション問題が騒がれていた時期だったので、中長期で保有したいところをグッと我慢。短期売買に徹した。年が明けてライブドアショックで急落したが、騒動が収束に向かうと再上昇。宏志期待の銘柄の一つ。

さっそく14日の寄り付きで、1株12万9000円で5株買って、大引け付近に13万3000円で売る。2万円の儲け。

このアルデプロに宏志はハマった！

翌15日再び1株13万円で5株買って13万8000円で売り、4万円の儲け。さらに週末の16日、寄り付きの13万7000円で5株買って14万2000円で売り、2万円の儲け。この3日間アルデプロだけで8万円の儲けだ。**ちなみに持ち越しをしなかったのは、偽装マンション問題の影響で、いつ悪材料が出て不動産関連が下げるかわからなかったから**。リスクヘッジのため、手数料を気にせず、ひたすら当日中の利益確定に徹した。

週が明けて20日。昨日、今日とアルデプロがよくない。そこで、もう一つチェックしていた不動産関連銘柄の東誠不動産（8923）に目を転じる。**この銘柄は、アルデプロのように、日足チャートが緩やかな右肩上がりではなく、11月前半にいったん上昇したあと、月末に向けて下落。そして12月に入ってから再び上昇するというチャートの形を描いていた**。

寄り付き1株11万8000円で6株買って12万5000円で売り、4万20

8923	東誠不動産

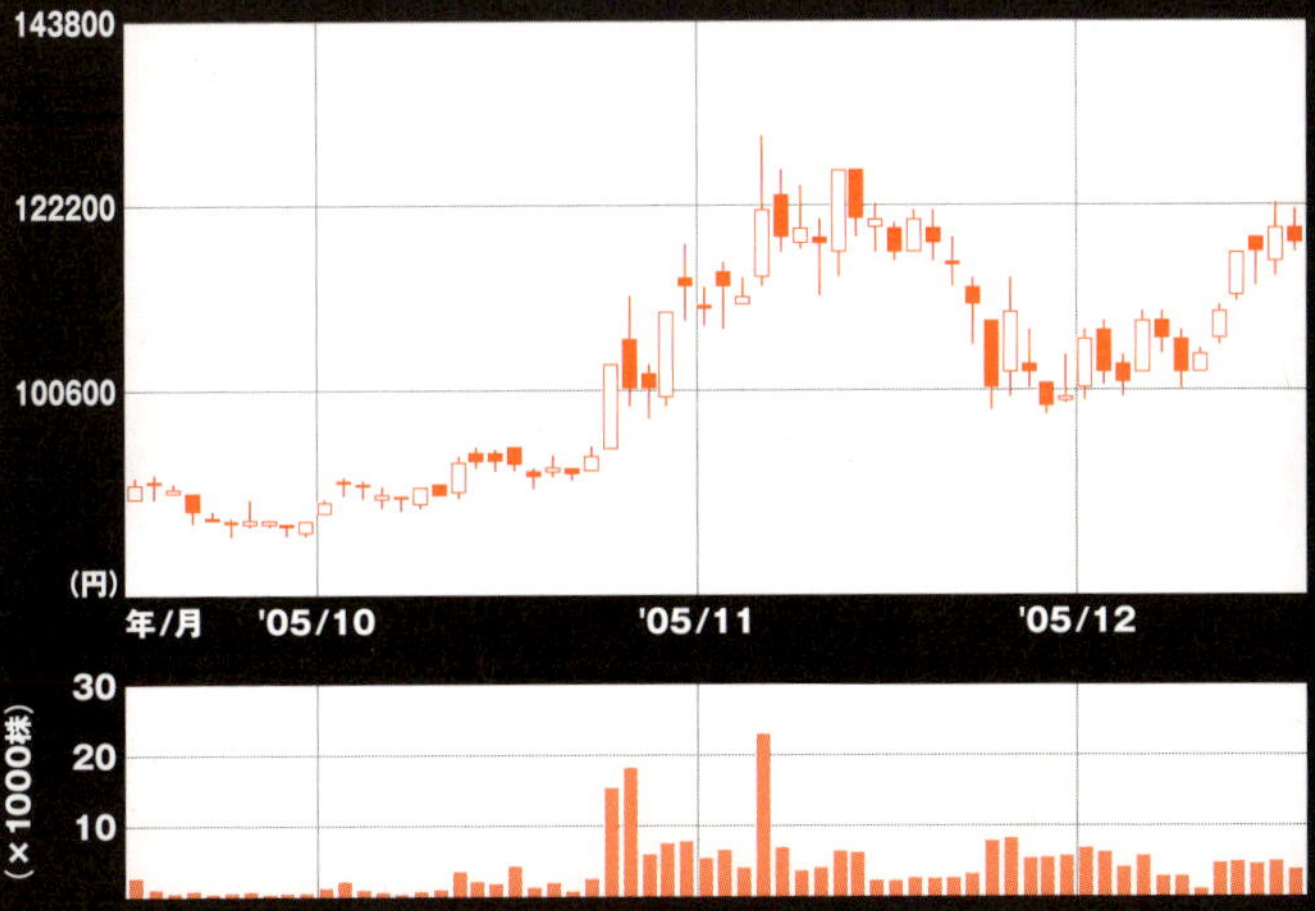

(今後も注目したい新興不動産銘柄)

アルデプロとともに、銘柄研究の結果、見つけ出した割安な新興不動産銘柄。不動産流動化事業も手がけている。宏志が売買した時期に、三村クンは中長期投資銘柄として売買していたと聞いて驚き。宏志の銘柄ボードの不動産のポートフォリオには、アルデプロ、レーサムリサーチ、クリード、IDU、ダヴィンチ・アドバイザーズ、ランドビジネス、リサ・パートナーズ、などの銘柄が並んでいる。もちろん、高すぎて買えない銘柄もあるが、業種連動を見つけ、まだその日値上がりしていない銘柄を見つけるのに役立っている。06年の不動産関連の動向や如何に?

００円の儲け。この日の高値が12万７０００円だから、売り場もまずまず。

翌21日は再びアルデプロを１株14万円で５株買って、14万６０００円で売り、３万円の儲け。さらに22日、１株15万５０００円で５株買って、16万３０００円で売り、４万円の儲け。

ここ１週間、不動産関連銘柄だけで20万円近く儲かった。これはスゴイ！

資金50万円を、いきなり30万円まで減らしてしまったのが、つい３か月ほど前。そこから三村クンに弟子入りしてアドバイスをもらい、三村式を学んで１か月半で元金50万円復活を果たし、そして３か月で40万円近いプラスを出すことができた。三村クン、宏志は三村式免許皆伝でしょうか？

今週の宏志

8週目
12月1日〜12月22日

口座残高
¥890,000

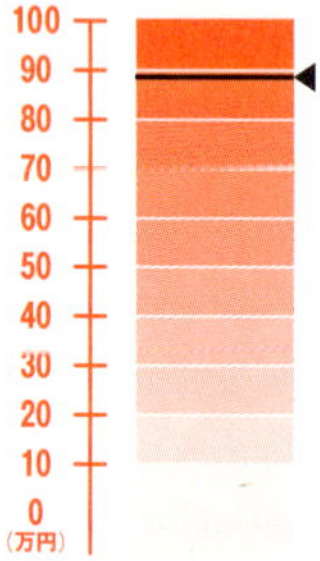

30万円から3億円の三村クンに比べたら、宏志の30万円から89万円のインパクトは薄い。でも、むこうは2年3か月。こっちはたった3か月。このままいくと2年後には3億円編集者トレーダー誕生!?　すっかり株にはまってしまった宏志であった。

心を静め相手の隙を突くのじゃ!!
こーほーっ
三村
ゆら〜っ
損切り

8週目

三村クンからのアドバイス

宏志さん、スゴイですね～☆　地合いが良かったこともありますが、この結果は立派です。個別に見ていきましょう。

日本駐車場開発の売買は十分でしょう。好材料を背景にした株価の上昇を、うまくとらえて売買していると思います。欲張ってはいけませんよ。

一方、西友ですが、宏志さんが売買したときは、すでにウォルマートが完全子会社化、新ＣＥＯの就任とともに株価は織り込み済みでした。短期に徹したのは正解だったと思います。その時期、ほかにもっといい銘柄があったとは思いますけど。まあ、儲かったのだから問題ありません。

ジャストシステムの売買に関しては、もう言うことはありません。マークしていた甲斐がありましたね。

そして、新興市場の不動産銘柄のアルデプロと東誠不動産の売買は、すばらし

くうまかったですね。この時期は、日経ダウが調整していて、東証1部の銘柄は利食いされ、新興に資金が戻っていた時期。いい銘柄に目をつけたと思います。

結果的にはスイングトレードでもよかったんでしょうが、下落リスクを考えて、デイトレードに徹したこともよかったと思います。

宏志さんは、本当に株の売買がうまくなりましたね。もう立派なトレーダーとして、やっていけると思いますよ。三村式、免許皆伝です☆

あとは、どんな相場でも儲けられるように、この調子でがんばってください。

8週目

12月1日〜12月22日

三村クンの格言!

認定証。あなたは、もう立派なトレーダーです。三村式免許皆伝☆

第3章 ―― 三村クン金言集

ボクの投資セオリー

① 6銘柄以上の銘柄を保有しない

ボクはいつも、短期投資での保有銘柄は4つか5つがせいぜいです。昔から、株の世界では「卵はひとつの籠に盛るな」といって、分散投資を薦めていますが、あんまりたくさんの籠を持つのもどうかと思います。なぜなら、管理ができなくなるからです。短期投資の場合は、4つか5つの銘柄を巡回しつつ、新規に売買する銘柄を様子見するだけで手いっぱいです。

② 決算発表日は売買しない

決算発表日には、いい材料が出るとは限りません。どんなどんでん返しの発表があるのか、わからないものです。決算下方修正が出た場合などは、暴落もありえるでしょう。また決算発表日当日か、その2～3日後に、意外な発表をする企業も多い。ですから、発表当日はムリに売買しないのが鉄則です。ましてや決算日をまたいでの銘柄の持ち越しなど、ありえません。

③ 空売りは基本的にしない

空売りは、長期で見ないと儲からない相場が多い。第一、保証金を証券会社に支払って成立する取引のため、失敗すると「追証」と呼ばれる追加保証金を払う羽目になります。だから借金が嫌いなボクは大嫌い！　しかも、追証を払えない場合は、結果として損失覚悟の買い戻しをすることになります。とにかく、リスクが多い取引なのでボクはなるべく避けています。

4 一日に50回以上売買しない

1回のトレードで1％の利を稼ぐような人もいますが、聞くだけで神経が磨り減りそう。デイトレーダーの中には、ちょっとの押し目を狙う「ミニッツトレーダー」もたくさんいますが、ボクは性に合いません。「薄利多売方式」より、1回のトレードの利益を上げたほうがいいですよ。ただし、損切りだけは「ミニッツ」どころか「セカンズ（秒）」単位でやってください。

5 イケる！と思ったら、目いっぱい張る

ボクは「イケる！」と思ったときは、資金を目いっぱい張るのが信条。資産が100万〜5000万くらいのときまでは、1銘柄に資産の50〜100％ぐらいまで突っ込んでいましたよ！だからこそ、今のように資産を増やせたのだと思います。イケると思ったら張る。ただし、ダメだと思ったら損切りは徹底する。このバランス感覚を身につけてください。

6 急騰銘柄は上昇と同時に株数を減らす

「これはもういい加減やばいだろう」というぐらいまで上げすぎた銘柄は、早めに利食うか、保有株数を減らしてください。過熱した銘柄は、急落する可能性が高いですから、持ち続けることはリスクが高い。2週間ぐらいで株価が3〜5倍にもなったらさすがに下げてもおかしくないので、徐々にリスクを減らしておくことをオススメします。

7 大きな資金についていけ

例えば新興銘柄だったら、株価１００万円以上の銘柄で、買い板に８００株の注文が入ったりすると、「おや？」と注目します。だって、例えば１株１００万円に８００株を投じたら、それだけで８億円です。８億円もその銘柄に突っ込んだなら、何がなんでも株価を上げて、利益を得たいと思うでしょう。だからボクも強気。ただ見せ板には十分注意してください。

8 儲けの目標は作らない！

株に強い人は、精神力が強い人だと思います。もっと平たく言えば、自分の欲望に打ち勝つことができる人。だって、そのくらい強くないと、損切りなんてそうそうできないですよ。下手に儲けの目標なんか持ってしまうと、平常心でトレードできなくなります。これが、相場を張る一番のハンデ。相場で飯を食っている人ならともかく、素人は目標設定なんてやめましょう！

9 日経平均が上げているとき新興株は売り

日経平均が上げているときは、銀行株など東証１部の銘柄が上がり、新興銘柄は冴えない場合が多くあります。逆に日経平均が下げているときは、新興銘柄が上がることがよくあるのです。たぶん、大口の資金の流れの関係でしょう。「大きな流れについていく」のが三村式ですから、日経平均が上げているときは、それに伴って上げている銘柄を売買すべきです。

10 銘柄情報に飛びつくな！

ボクも、初心者のころは銘柄情報の収集に必死でした。でも今は、それは間違っていたとハッキリ言えます。なぜなら、情報を活かすも殺すも自分次第だからです。例えば「儲かる銘柄」を聞いたって、所詮、株は水物。その銘柄が、どう上げ下げするかは読めません。結局、買いどきや売りどきは自分で判断するしかないのです。

11 株価が上がる明確な理由はない

人間とは、何事にも理由づけしたがる生き物です。ですから、「株価の上昇」にも明確な裏づけを欲しがります。確かに決算が良かったなど好材料が出ると、ほとんどの場合、株価は上がりますが、希に下がるケースだってあるのです。でも、その際「材料が出尽くしで下げた」なんて理由づけをする人も。このように株なんてものは後から何とでも解釈されてしまうものなのです。

12 目の前の株の強さだけを信用せよ

テクニカル指標を参考にするなとは言いませんが、やれ、ストキャスティクスが大底から上がり始めたから買いだとか、RSIが30を下回ったから、これは参戦すべしだとか、初心者の人に限って、複雑なテクニカル指標を見て、買いどきを判断しがちですが、それはオススメできません。今、目の前の株の強さだけを信じればいいのです。

13 爆上げ銘柄は再急騰する可能性大！

人気株は再び人気となり、急騰するケースが多々あります。ですから、一時の祭りが終わったからといって無視するのではなく、そのまま銘柄ボードに登録しておき、常に出来高や板、日足などをマークしておくようにしましょう。ブイ・テクノロジー、ソフトバンク、アイディーユー、みずほフィナンシャルグループなどが全国のデイトレーダーたちがよく狙う人気株です。

14 損したときも得したときも興奮は禁物

常に平常心で挑むのが、株で勝つ大原則です。ちょっとの損で眠れなくなったり、相場から離れてしまうのは愚の骨頂。そんなことでは、いつまでたっても儲けられません。かといって、得したから有頂天になるのもいただけません。また、私生活で嫌なことがあったり、健康を害している場合は、ムリして売買しないことです。常に冷静に相場と向き合うことが大切です。

15 むやみにリバウンド銘柄を狙うな

短期投資の場合、値上がりについていくこと（つまり順張り）が一番効率のいい方法。でも資金が少なかったり、山っ気が出ると、ついリバウンドを狙ってしまいがち。ほとんどの人は、トレードが職業ではないのですから、ムリに売買する必要はありません。逆張りしても、少しの利幅で利益確定したり、それ以降の下げで投げてしまうことが多いので注意しましょう。

16 チャートの確認を怠るな

前著でボクは、売買銘柄は「値上がり率ランキング」から選ぶことがほとんど、と書きました。でも、ランキング上位だからと言って何でもかんでも売買しているわけではありません。「これは」という銘柄を見つけたら、日足と3分足チャートをしっかり確認。出来高やトレンド、移動平均線、ニュースなどにも目をとおし、「イケる」と思ったときのみ参戦しています。

17 失敗から学べ！

損切り命、損切り命と呪文のように繰り返しているボクですが、ときには大失敗することも。とはいえ、何度か大きな痛手を経験しないと何事も上達しません。人間は良いことばかりが続くと調子に乗って、大事な教訓を忘れてしまいますから。要は、失敗から何かを学べばいいのです。もちろん、ボクが大失敗の後、損切りを徹底するようになったのは言うまでもありません。

18 ド天井を狙うな！

割安で仕込んで、天井で売ろうなんて現実味のないことは、考えないでください。第一、ド天井の後は下落しかないのですから、持っているだけ危険です。儲かったら欲張らず早めに利食いすべき。また、相場に過熱感が漂い、感覚的に「これは高すぎる」と思ったときは警戒しておくのが賢明です。ただ、しばらく調整が続くようでしたら再注目してみるといいでしょう。

19 出来高に注目せよ！

急騰の「初動」を早く発見するのが、一番ガッポリ儲けられます。でも、それはずっと相場に張りついていないと難しい！とはいえ、目安はあります。それは出来高の異常な増加です。例えば、前日の寄り付きの段階では、そのまた前日の±０円で始まり、出来高も30万株と少ないのに、今日は＋５円で始まり、出来高も１００万株となっている場合などは注意です。

20 ストップ高の持ち越しは強いもの限定

ストップ高で買って、翌日のギャップアップを狙って持ち越す場合は、買った日のストップ高の〝強さ〟が重要です。例えば、10万円の株が出来高４０００株で１０００株の買いを残して引けたときと、１万株の買いを残して引けたときは、強いのは後者です。同様のケースで１００株ぐらいの買いしか残していないストップ高は、翌日下げる場合が多いので注意が必要です。

21 強い銘柄は売り板が厚くても下がらない

初心者は、売り板が厚いと株価は下落すると思い込みがちですが、そんなことはありません。むしろ株価が急騰するときは売り板は厚くなるもの。それでも株価が下がらない銘柄が、本当に強い銘柄です。なぜなら、大量の売りを吸収するだけの買いがあるから。歩み値を見て、千万単位、億単位の取引が次々に成立しているようなら、強気になっていいでしょう。

22 移動平均線に着目せよ

日足チャートを見て、銘柄の値動きを確認する際は、まず最初に移動平均線を見てください。ボクの場合、5日線を割るようだったら「そろそろ売りかな」と検討し、25日線を割ったら「いよいよヤバいぞ」と警戒します。最悪なのは、5日線と25日線がクロスする「デッドクロス」。これは手放す信号だと見ていいでしょう。

23 「見せ板」に惑わされるな！

仕手戦など大口が参入する相場では、筋が「見せ板」といってわざと売り板や買い板を厚くして、ほかの投資家を振るい落とすことが多々あります。例えば、大量の売り注文を入れて売り板を厚くして、ほかの投資家の狼狽売りを煽り、自分たちは安値で買っているのです。ですから、不自然なほどの大量の注文が入ったら、「これは見せ板かも」と疑ってかかりましょう。

24 材料がないのに上げている銘柄に注目！

決算の上方修正や株式の分割発表など、好材料があれば、たいてい株価は上昇します。では急上昇中の銘柄すべてに好材料となるニュースがあるかというと、そうではありません。むしろ、確かな材料がある銘柄は一時の上昇で終わりますが、なんの材料もないのに上げる銘柄のほうが上昇過程が長期化することが多く、うまくやれば何度もサヤを抜くことができるのです。

25 値動きが似ている「連動銘柄」は注目！

ボクは銘柄ボードを、ＩＰＯ銘柄、大型株銘柄、仕手銘柄、材料銘柄など、業種別に分けています。なぜなら、銘柄は同業種同士で値動きが連動することがあるから。一銘柄が崩れたら、「ここも下落するのでは」など、相場を先回りして読むことができるんです。関係会社関連銘柄や同時期に上場したＩＰＯ銘柄なども似通った値動きをすることがあるので、要注意です。

26 相場に過熱感があったら保有株を減らせ

最近はマーケット全体が活況のため、「天井知らず」の相場があります。こんなときは、自分が参戦していないと「持たざるリスク」すら感じてしまうものです。でも、ここで焦って買うと、高値を掴まされるリスクが発生します。ボクは、相場に過熱感があるときは、いつもより保有株を減らすようにしています。もちろん、いつもより早めに損切りすることも忘れません。

27 人気化した銘柄はまた火がつく可能性大

最近多いのが、材料となるニュースがあった後、大口が大量の買いを入れ株価が急騰し、そこに個人投資家も参戦してマネーゲームになるといった相場です。こういった「マネーゲーム銘柄」は数か月後に、また「人気化」して爆上げすることが多い。ですから、ボクは祭りが終わった後も、しばらくは銘柄ボードに残して、再度急騰するタイミングをうかがっています。

能書きはえーから儲かる銘柄教えんかい!!
三村
ピポピポ
ピポピポ
ピポピポ
ピポピポ
カチャカチャ
カチャカチャ

第4章 最新！三村クン、惚れ惚れチャート

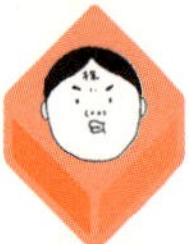

【最新！三村クン、惚れ惚れチャート】

直近IPO銘柄編

上場日が近い銘柄は値動きが連動することも

ナノ・メディア（3783）

その他の［直近IPO銘柄］
ディー・ディー・エス（3782）
ファンコミュニケーションズ（2461）

直近ＩＰＯ銘柄にこそ「三村式」は有効です。なぜなら、ＩＰＯ銘柄はマネーゲーム化しやすく、上場ホヤホヤ時は明らかに会社の実力以上に買われるからです。こんなときこそ、「上昇気流を感じ取って、その流れに乗る」三村式を実践すれば、高値掴み高値放しも可能です。

さて、05年11月後半から12月にかけては、久方ぶりのＩＰＯラッシュ！　実に40社以上が上場。ボクも連日の株価チェックで大忙しでした。全体的に活況な中で、ボクが特に注目したのはナノ・メディア（３７８３）、ディー・ディー・エス（３７８２）、ファンコミュニケーションズ（２４６１）の３銘柄です。

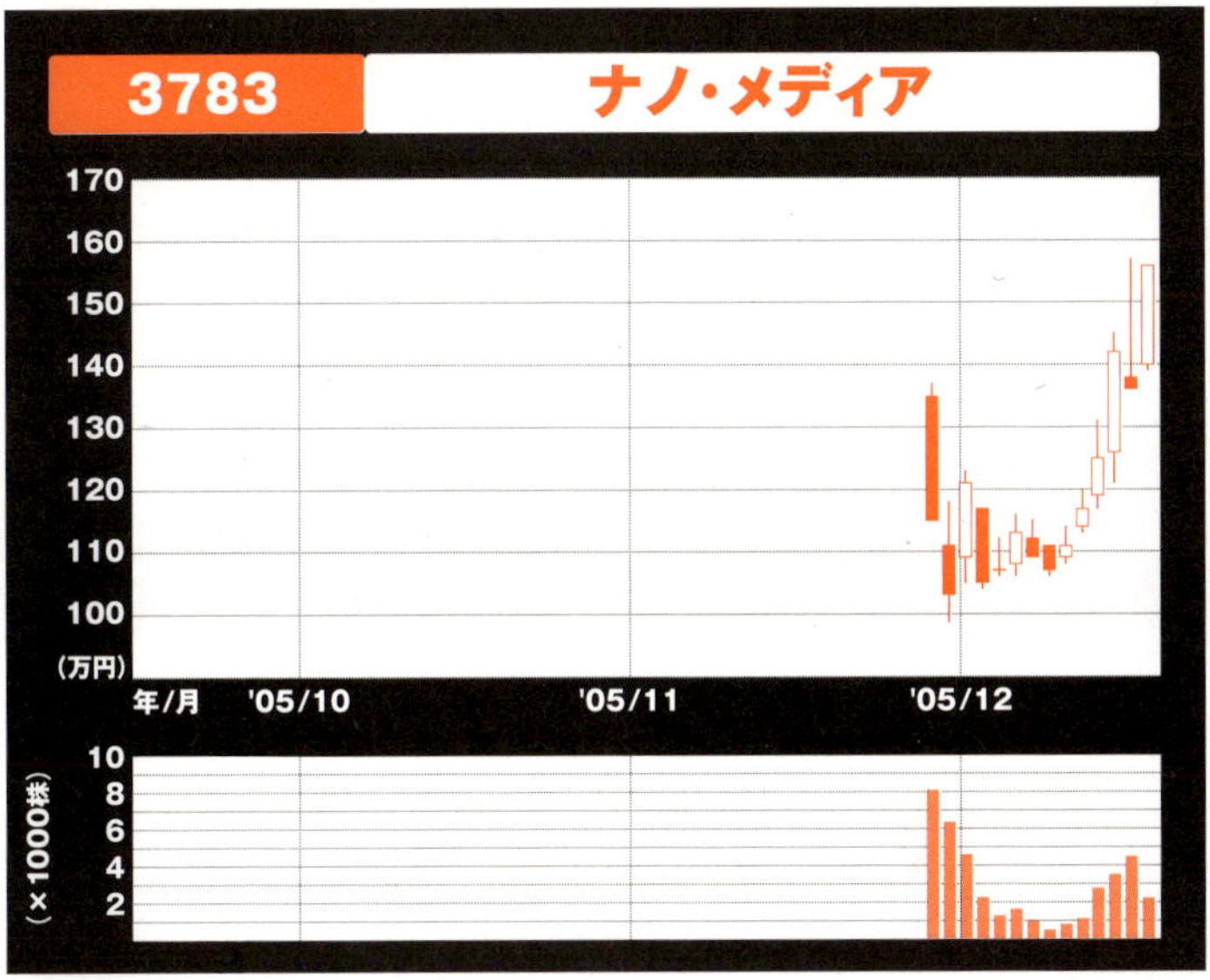

この3銘柄は、日足で見ても分足で見ても値動きがとても似ています。3つとも業種はバラバラですが、上場日が11月28日〜30日と非常に近いからでしょう。このように、上場日が一緒もしくは近い銘柄は、連動した値動きをすることが多々あるのです。

では、チャートの形を見てみましょう。

【再上昇して初値を抜いてくるIPO銘柄は強い】

この3銘柄はすべて、上場初日は大商い。高い初値をつけた後、急騰しています。でも翌日には急落。10日間程度もみ合ってから、また右斜め60度近い急カーブをつけて上昇するという形を描いています。まるでアルファベットの「U」の字のようでしょ？　なぜこの3銘柄はUの字を描いたのでしょうか？　ちょうどUの下に位置しているときは、「日経225銘柄」に大口の資金が動いた頃でした。つまり新興市場より、東証1部・2部の大型株が買われていた頃なのです。そして、再上昇してきた12月9日前後は、新興市場に大口の資金が移った頃。ちなみに、このタイミングで上場したシニアコミュニケーション（2463）やサマンサタバサジャパンリミテッド（7829）なども、大いに買いが集まりました。このように、直近IPO銘柄を扱う場合は、大口の資金の流れが新興市場に集まっているのか？　それとも日経225銘柄に集まっているのか？　「そのときの流れ」を読むことが非常に重要です。**見極め方は割と単純で、アメリカ市場が強く、日経平均が高く始まったときは、日経225銘柄が強いとき。反対に日経平均がイマイチで、マザーズ指数が次第に上げているときは、新興市場に資金が流出する場合が多い。**覚えておいて損はないでしょう。もちろん、どちらも強い日または弱い日もあります。

さて、チャートに話を戻しますが、この3銘柄のチャートの形で注目してほしいのが、再上昇の段階で初値を更新していることです。見てください。Uの先端部分が上離れしていますよね？　ボクの経験から言うと、再上昇して初値を抜いたIPO銘柄はしばらく強い相場が続くケースが多いのです。実際、ナノ・メディアは初値を超えた後、これといった材料はないのに、12月16日にストップ高になりました。

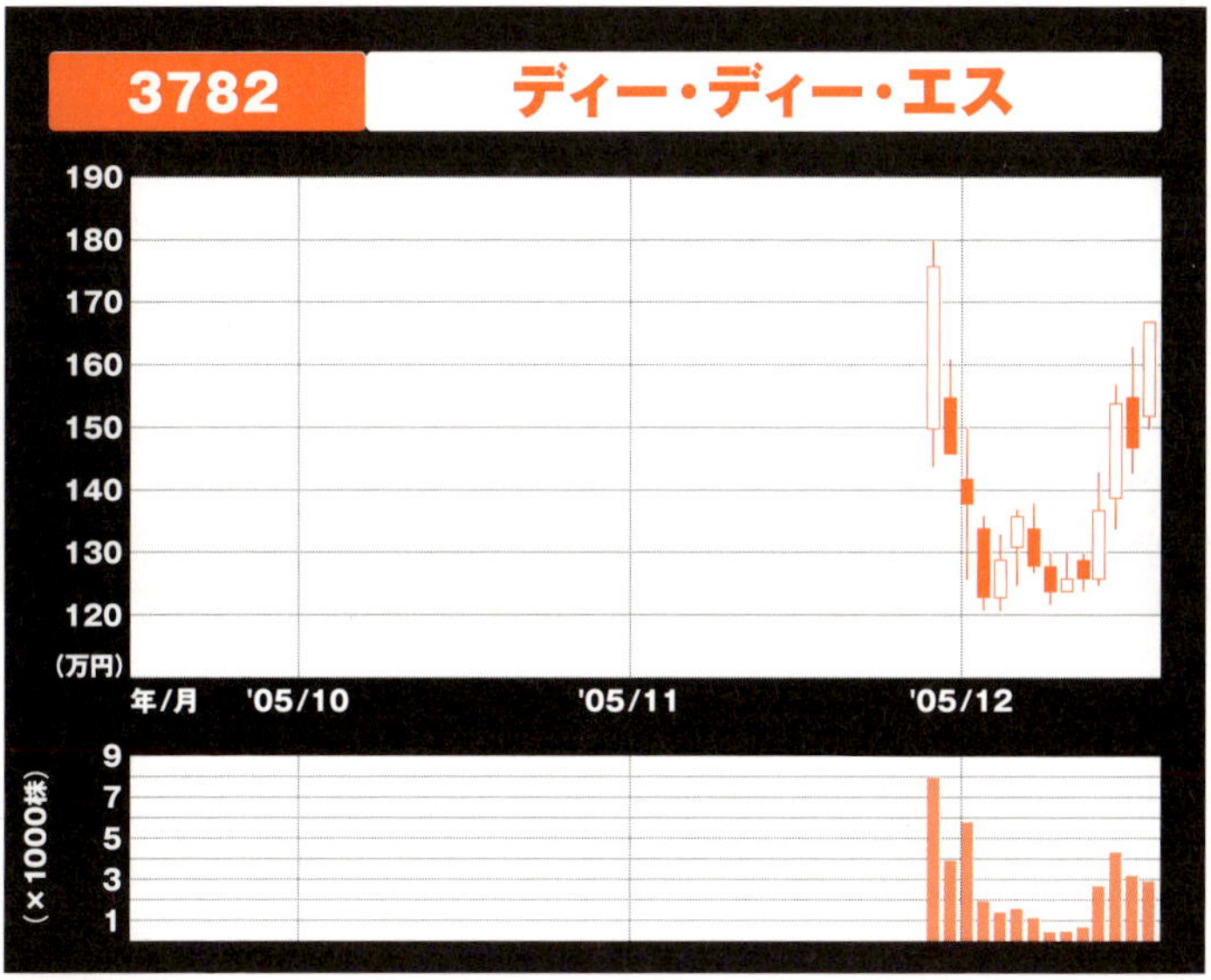

このように、**直近IPO銘柄はマネーゲーム的要素で買われることが多々あります。ですから、あまり業績などは考えず銘柄の「強さ」だけを見て売買してください。**コツは、その時々の新興市場全体の流れと、同時期に上場した銘柄の値動きや、板の動きをひっきりなしに見て「雰囲気」を読むことです。これしか方法はありません。

もう一つ、直近IPO銘柄を扱ううえで大事な話を。**IPO銘柄は、公開価格や公開株数、市場によって値動きの特徴が変わってきます。順を追って説明しましょう。**

「マネーゲーム化しやすい株数が少ない銘柄に注目せよ」

まずは公開価格と公開株数による違いから。**一般的に、公開価格が低ければ低いほど、そして株数が多ければ多いほど、マネーゲームには巻き込まれにくい傾向**です。逆に言えば、**公開株数が少ない銘柄はマネーゲームに巻き込まれやすい**。なぜなら、投じる資金量がさほど多くなくても株価を操作しやすいからです。ですから、11月30日に東証2部に上場したアース製薬（4985）のように、公開価格が2000円前後の銘柄は、そうそう急騰するなんてことはありません。

また、IPO銘柄の攻略法でさらにおもしろいネタがあります。みなさん、ファンコミュニケーションズと聞いて、何をやっている会社かすぐに想像できますか？　こういった**社名が横文字で事業内容がわかりにくい会社ほど、マネーゲームに巻き込まれて急騰する可能性が高い**のです。ついでに言いますと、**PERが高ければ高いほど、上場後急騰しやすい**とつけ加えておきます。

最後に、公開市場による扱い方の違いについてですが、ジャスダックは公開価格の値幅制限の上限が、公開価格の4倍と値幅があり過ぎるので、初値がついて即ストップ高なんてことはまずありません。一

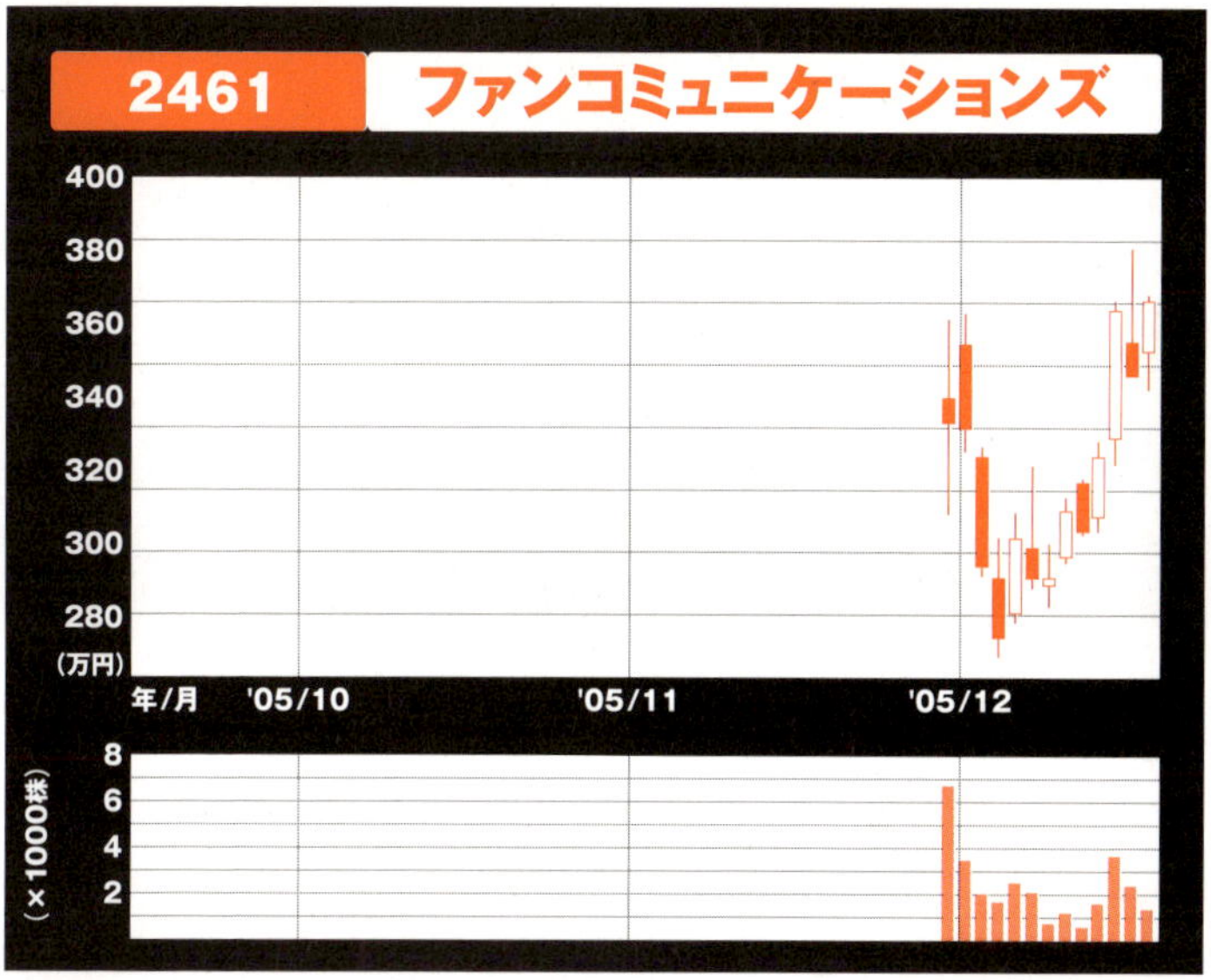

方、**マザーズは値がついたらあっという間にストップ高なんてことが頻繁にあります**。この違いは覚えておいてください。

もう一つ、上場初日にもみ合って値がつかなかったという場合。こういう場合は、即金規制（初値が決定されなかったとき、証券取引所が翌営業日から初値が決定される日までの買付代金を即日現金で徴収することを求める措置）がかかります。**即金規制の日に強いストップ高になると、翌日はストップ高になるケースが多い**。なぜなら、**即金規制がかかった銘柄は、翌日規制が解除されるので、資金が入りやすくなる**からです。この法則も覚えておいて損はないでしょう。

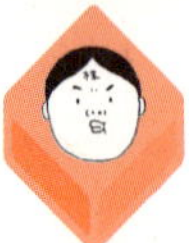

【最新！三村クン、萎え萎えチャート】

初値天井銘柄編

上場初日からして勢いのない銘柄は無視！

デリカフーズ（3392）

その他の［初値天井銘柄］
フルキャストテクノロジー（2458）

多くの直近ＩＰＯ銘柄が好調な中で、上場翌日から下げ通しという銘柄もあります。デリカフーズがその代表格です。この銘柄は、初日だけは強くストップ高になりましたが、翌日の寄り付きからドカーンと下げっぱなし。12月６日の上場日、ストップ高になったとき反射的に買ってしまいましたが、持ち越した翌日の寄り付きでは早くも売り気配です。このときは、「もうダメだ～」とアッサリ損切りました。こうした上場早々勢いがない銘柄は、そのまま迷走する可能性が高い。フルキャストテクノロジー（２４５８）などもそうです。この銘柄は、上場初日からして精彩がなく、１０５万円で初値がついて一時

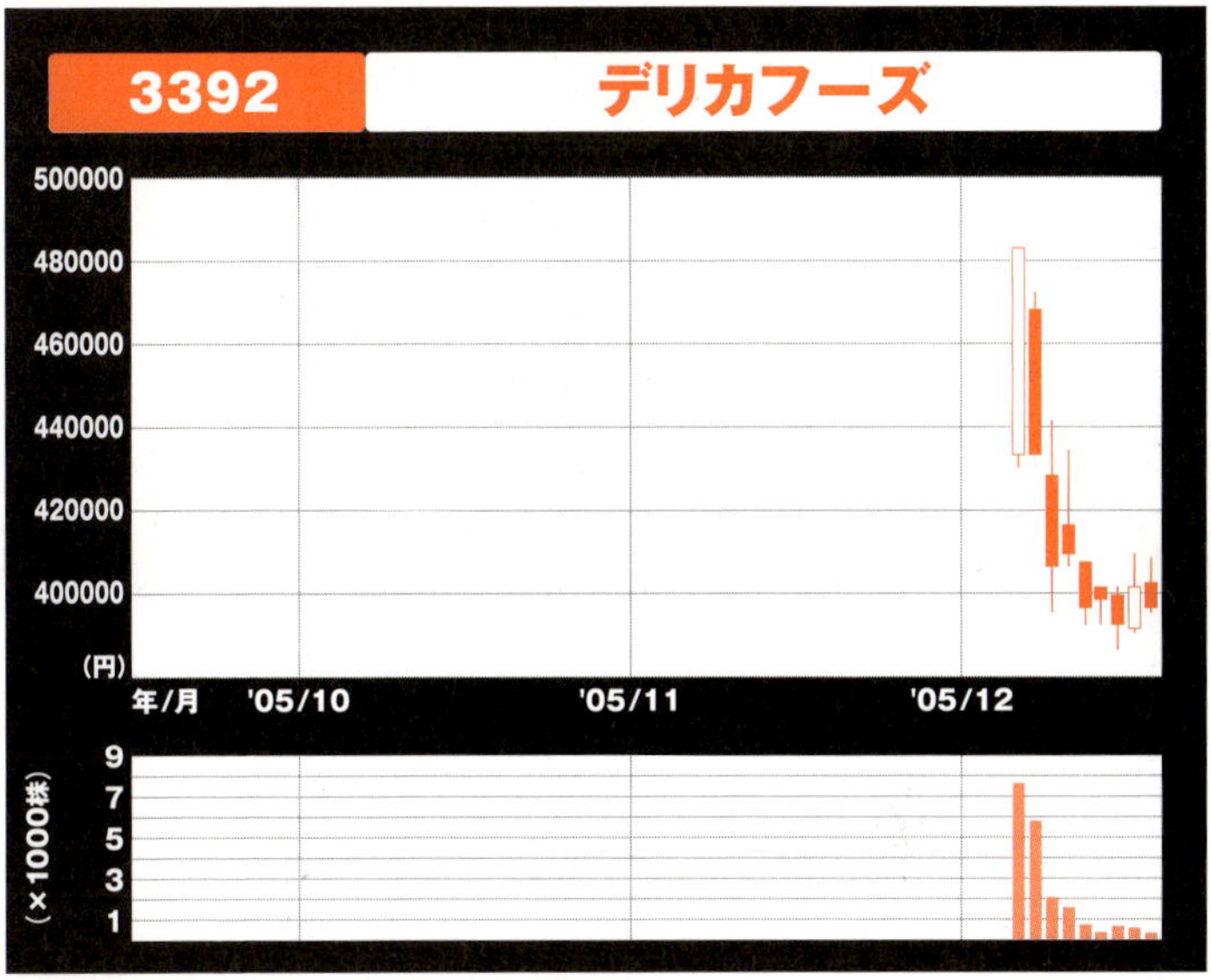

は113万円まで上げたものの、結局88万2000円で終わってしまいました。**上場早々ショボイ銘柄は、その後また上昇気流に乗るまでは、放置しておいたほうが無難**です。

でも、実はこのような銘柄は初日からして「下落」のサインが出ています。その見極めポイントは、売り注文の殺到。**この手の銘柄は初日にストップ高になったとしても、引けの段階で買い注文がなかなか入ってこない**。むしろ、大量の売りが出ているものです。こうした、「弱いストップ高」は持ち越さないほうがいい（ボクもウッカリ持ち越してしまうことはありますが……）。翌日、いきなり売り気配でスタートすることが多いからです。

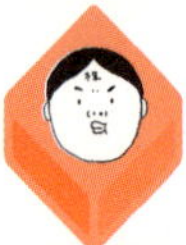

最新！三村クン、惚れ惚れチャート

急騰新興銘柄編

「天井」知らず銘柄との正しい付き合い方

アイディーユー（8922）

その他の［急騰新興銘柄編］

天井を見極める――。これは短期売買している人にとって重要な要素です。とはいえ、「ド天井」を見わけることはプロにだってできません。特に、05年11月のアイディーユー（8922）は、「一体どこが天井なんだ」と見当もつかないほどの急騰っぷりでした。ご説明しましょう。

アイディーユーは、05年1月ぐらいからずっと20万円ぐらいの横ばい相場が続いていました。ところが10月中旬、突如上げだし、11月中旬には68万円超の高値を更新しました。実に、10か月で3倍以上の株価になりました。高騰の材料は決算がよかったこと。その成長期待で買われたのですが、ボクはここ

まで評価されるのはさすがにおかしいと感じていました。上昇中も、10月26日に相場が一気に売り転換し、「もはや天井か」とヒヤッとさせられたのですが、株価はまた上昇気流に。そこでボクはまた強気に転じ、11月1日に42万7000円で100株買って、翌日に50万5000円で売り、700万円以上儲けることができました。ボクとしては、さすがにもう「これ以上の上値はない」くらいに思っていたのですが、まだまだ株価は上げる一方。このような「マネーゲーム銘柄」は、上がれば上がるほどボクのような個人投資家がたくさん参戦してさらに急騰するケースが多いのです。ところが11月7日には、値動きはもはや上昇の限界といった具合。そして午後2時前後、まさかの急落です。異常な急騰は、明らかに仕手筋が

個人投資家の買いを誘っていたとしかいいようがありません。普通、ド高値付近で摑んだ人は悔しくてすぐには売れませんよね。様子見します。仕手は、このような個人投資家の心理を利用するのが常套手段。そのスキをみて、一気に売り抜けるのです。**だから、高騰して過熱感がある銘柄に大口の大量売りが入ったら、損切りを恐れず、早く手放したほうがいい**。板や分足から目を離さず、常に「売りどき」を探ってください。

ちなみに、再び強気に転じるとしたら、直近の高値を抜こうとする動きがあるかどうかが一番のシグナルになります。なぜなら、株価がさらに上昇しているのは、筋が買っている証拠。個人を振るい落としたら、さらに上値の「売り場」を作るに違いないのです。

このように「仕手化」した銘柄は、筋たちの「心理」をシミュレーションすると、俄然扱いやすくなると思います。ちなみにアイディーユーは、11月中旬の高値からは一時的に下落しましたが、12月後半になってまた上げ出しました。このように、**仕手株は「終わったかな」と思うと、また復活することもあるので、マメなチェックが欠かせません**。

天井はどこじゃ〜〜?

【最新！三村クン、惚れ惚れチャート】

リバウンド銘柄編

姉歯問題に巻き込まれたマネーゲーム銘柄

日本ERI（2419）

その他の「リバウンド銘柄」

シノケン（8909）

日本ＥＲＩ（２４１９）は、リバウンドが狙えるお手本のような相場でした。前述したように、ボクはほとんどリバウンドを狙いませんが、こんな場合は別です。同銘柄は、あの「姉歯問題」で急遽マネーゲーム化した「姉歯銘柄」の一つです。11月中盤、姉歯氏の偽造設計書をザルのように通していたイーホームズに対する批判が高まる中、民間審査機構最大手の日本ＥＲＩは、これから耐震構造の疑惑問題が浮上すると受注が増加すると期待され、大量の買いが集まり、05年11月22日には急騰。77万円近い高値をつけました。ところが、この日本ＥＲＩも確認検査に不備があったことが明るみになり、11月30

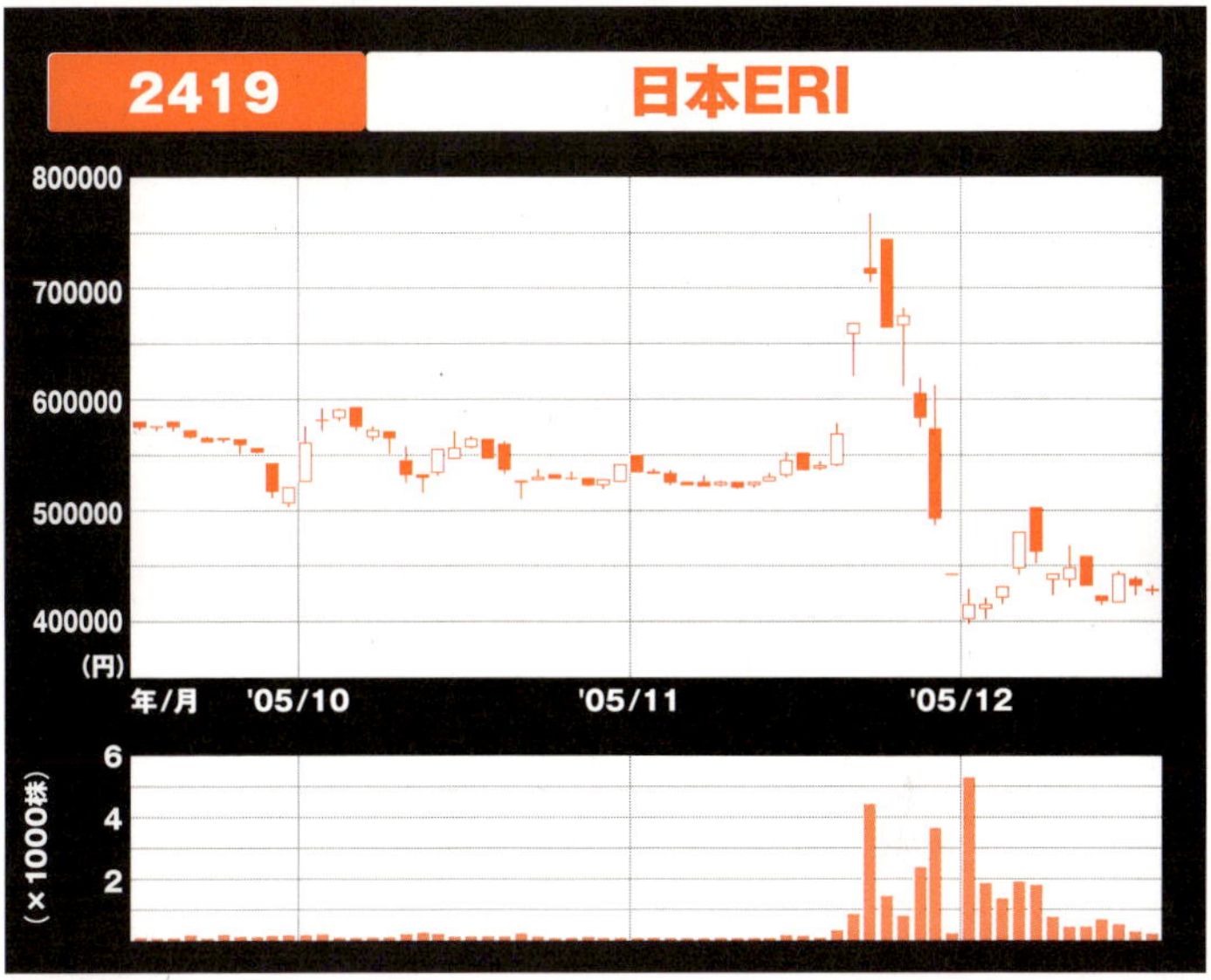

日には急遽ストップ安で売られてしまったのです。そして、翌12月1日にはさらに下降。実に約1週間で、70万円台から40万円まで下げました。このときボクは、ニュースと実際の値動きを見比べて、「これは明らかに下げすぎだ。長期的にみたらダメかもしれないけど、デイトレだったら利ざやが取れるかもしれない」とピンと来ました。どのみち、アテが外れたら売ればいいだけです。だったらやってやろうと、12月1日に40万4000〜5000円で20株買ってみました。すると、その日のうちに株価は40万7000円まで上昇。即座に売って、利益を出すことができました。

このように**リバウンド狙いの場合は、たとえ流れに乗れたとしても、欲張らないほうが賢明です。持ち越したら翌日の寄り付きで早々に売ると心得**

てください。

ちなみに、ボクは株価が持ち直してきた日本ＥＲＩでもう一回おいしい売買をしました。12月6日に45万1０００〜3０００円の間で20株買って、その日のうちに46万6０００円〜47万1０００円の間で売ったのです。この日は最終的にストップ高になったので、再度47万8０００円で10株買い直し、翌日まで持ち越して寄り付きに50万円で再度売りました。流れにうまく乗った、いい例と言えるのではないでしょうか。

【流れを掴むコツは連動銘柄を見つけること】

では、どうしてボクはうまく流れを掴めたのか？

ヒントは「連動」にあります。実は12月6日前後の日本ＥＲＩ日足は、もう一つの「姉歯銘柄」であるシノケン（8909）と値動きが連動していたのです。ちなみにシノケンとは、姉歯氏が設計した偽装マンションを保有するディベロッパー。ですから、同じく11月後半、株価は急落したのですが、12月6日には偽装マンションの解体費用を国が負担するというニュースが入り、株価はとたんに回復。日本

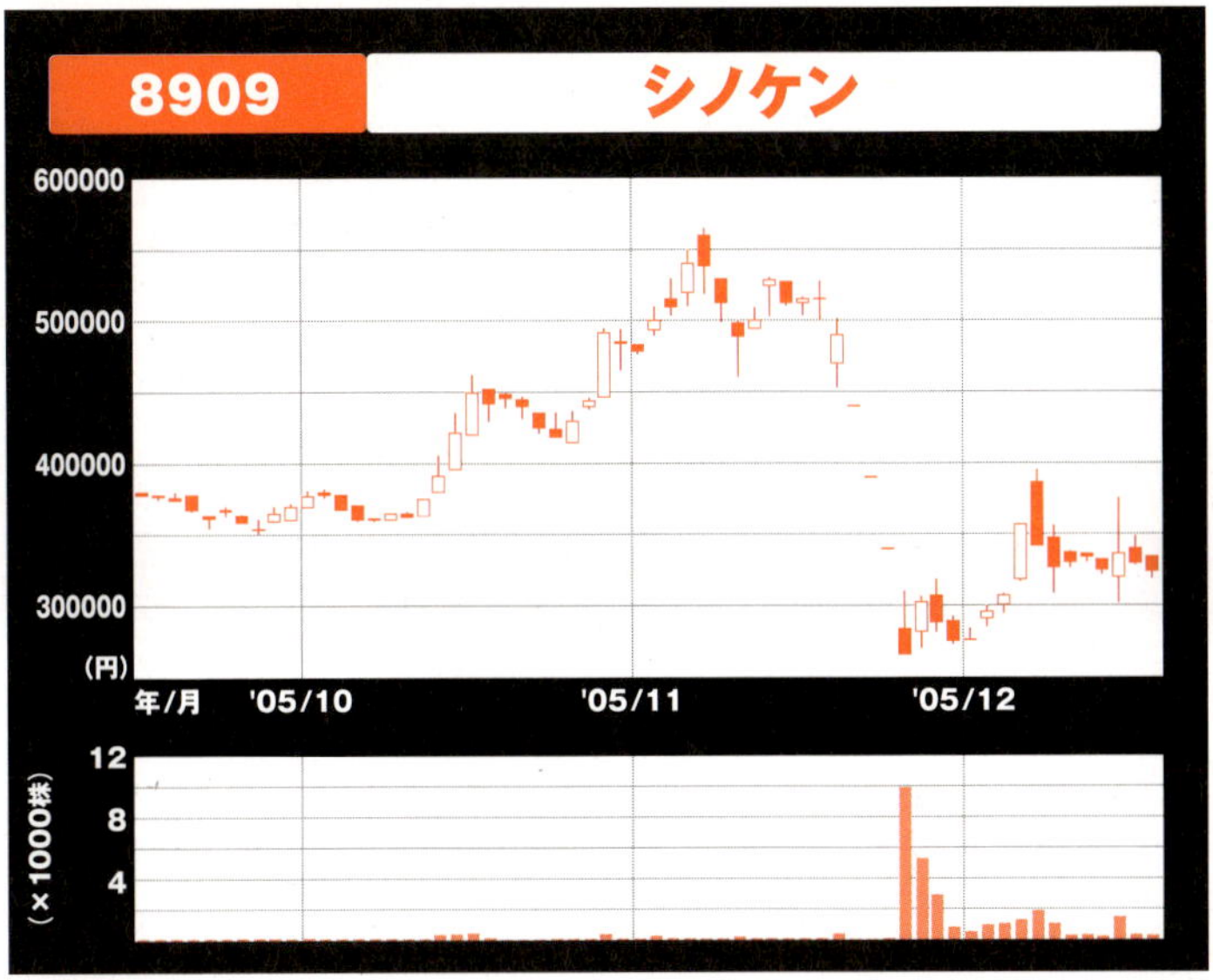

ERIも同様でした。ですからボクは、日本ERIを売り買いするときも、常にシノケンの値動きと見比べて、楽観的な予想を立てたのでした。

このように、その時々の「連動銘柄」を見つけられるようになると、俄然「流れ」が掴みやすくなります。ぜひみなさんも、そのときどきの「連動銘柄」を見つけてください。

5日線を割らない銘柄は強い！

ライブドア（4753）

その他の［材料＋マネーゲーム銘柄］

ライブドア事件で、この銘柄を取り巻く状況が、すっかり変わってしまいました。あくまでも事件以前のチャートの動きを例にした、ケーススタディと考えてください。ライブドアは05年11月から急騰し、チャートは右斜め60度へ一直線。これは、業績の拡大と某証券会社が目標株価を８５０円に引き上げたこと、経団連への入会などが主な材料だったといわれていますが、それだけが原因だとは思えません。ただ、ボクはこのようないい材料があった後、大口に買われてマネーゲーム化する銘柄を売買するのが一番得意だし、大好きなのです☆

ライブドアは、急騰する過程でちょくちょくトレードして利食いました。例えば05年12月5日は、582円で10万株買って当日中に590円で売り、12月13日は731円で7万株買って、翌日に持ち越して783円で売りました。**このとき持ち越したのは、当時のライブドアは、前日の引けが高く終わると、翌日の始値が高いというクセがあったから**です。

ちなみに、そのクセはソフトバンクにもいえます。また、この頃のライブドアはまさにマネーゲームの渦中。買いが買いを呼び、連日上昇率ランキングの上位で下げ知らずでした。ですからボクはさらに、12月19日に相場の雰囲気がよかったので、5万株を成り行きの買い注文。735円と739円の間で買って、当日中に780円で売ってしまいました。

このように、ボクは12月のライブドアの相場で何度も何度も稼がせてもらいました。ラッキーだったといえばそれまでですが、実はこのときのライブドアのチャートにはボクの大好きな「三角保合い」の形が現れていたのです。第1章にも書きましたが、もう一度、簡単にご説明しましょう。

「三角保合い」とは、株価が上がっては下がり、下がっては上がりして調整し、次第に上下の幅が狭まる状態のことです。もみ合いの中の、山（上値）のところを結んだラインと、谷（下値）のところを結んだラインが近づいていき、三角形を描くので「三角保合い」と呼ばれています。

では、なぜボクは三角保合いが好きか？　それは、急騰した後、調整段階に入り、調整過程でも、あまり下げないような銘柄は、再び上げてくる可能性が高いからです。この三角保合いのほかに、**ライブドアのチャートで注目してほしいのが移動平均線**です。ご覧いただいてわかるとおり、**ライブドアの値動きは5日線をサポートラインにして上げています。このように、短期の間で5日線を割ることがない銘柄は強い証拠**。これを割らない限りは強気でいていいでしょう。次の、サポートラインは25日線ですが、ボクはここを下回るとだいたいは、「もう怖いな」と思い撤退します。

ここでちょっとチャートの勉強をしましょう。

25日移動平均線を、5日移動平均線が下から上に突き抜けているのが「ゴールデンクロス」とい

い、一般的に今後株価が高くなるかも知れないサインと言われています。一方、25日移動平均線を、5日移動平均線が上から下に突き抜けるチャートを「デッドクロス」と言います。ボクは、この信号が出たら警戒します。今後株価が安くなるかも知れないという信号だからです。当時のライブドアに似たチャートの動きをする銘柄に、この信号が出てきたら要注意だと見ていいでしょう。

※あくまでも、05年12月の値動きを参照したチャートの分析です。

【最新！三村クン、惚れ惚れチャート】

材料＋仕手銘柄編

三角保合いのチャートを描く銘柄は何度も利食える

住友石炭（1503）

その他の［材料＋仕手銘柄］

最後に、材料があった後、仕手化する銘柄として住友石炭（1503）を取り上げます。このチャートを見てください。05年12月に入り、もはや右斜め60度を超えて、70度近い角度で急騰しています。理由は、原油高で石炭の需要が高まるとラジオで報道されたから。とはいえ、赤字企業ですよ〜。いくらなんだって高値をつけすぎです。でも、ボクはたいした材料じゃないのに急騰する銘柄は大好物。なぜなら、確かな材料だと一時的な高騰で終わりますが、**不確かな材料がキッカケでマネーゲーム化した銘柄のチャートは、先ほどのライブドアのように、「三角保合い」の形を描くことが多く、うまくいけば**

長期にわたって利食うことができるのです。さて、ボクが急騰に気づいたのは、値上がり率ランキングを見た12月9日。突如217円の高値をつけたのです。すぐに飛びつき、225円で売りました。ところが、翌12日の寄り付きでさらに高値を更新。そこで、再び243円で買って248円で売りました。この間ずっと、出来高が減ってきていないか、売り板に買い板がついてきているか、チェックしていたのは言うまでもありません。この手のマネーゲーム銘柄は、大口が手を引いたらあっと言う間に、高騰は終了です。ですから、ライブドアの項目でも書いた通り、5日線を割ったとき、出来高が減ったときは、「お祭りは終わりかな」と警戒してください。

第5章

スペシャル対談

300万円 VS 3億円

森永卓郎 VS 三村雄太

――本日は、『平凡な大学生のボクがネット株で3億円稼いだ秘術教えます！』で帯文を書いていただいた経済アナリストの森永卓郎さんに、三村クンと投資理論を戦わせていただけたらと思います。

モリタク　さっそくだけど、三村クンってウチの息子と同い年なんだってね。今日は息子から、三村クンに儲かる方法を聞いて来いって言われてきたんで、楽しみにしてきました(笑)。

三村　そうなんですか(笑)。森永さんの息子さんも、株をやっていらっしゃるんですか？

モリタク　いや、これから始めようと思っているみたい。でも、ウチの息子、パソコンが弱くてね。イー・トレード証券に口座を作ろうとしてホームページまで行ったものの、途中でわかんなくなっちゃって資料請求をできないでいる(笑)。三村クンはやっぱり、パソコンは強いの？

三村　一応、システムアドミニストレーターの資格を持っています。

モリタク　そっか～。やっぱり「三村式」の第一歩はパソコンなんだね。では、そろそろ本題に。三村クンは、どうやって「三村式」を編み出したの？　最初は中期投資で失敗していたんでしょ？

三村　ハイ、そうです。大学2年生のとき、セガやソニー株を塩漬けさせて、元手70万を30万に減らしてしまって……。どうにかして元手だけは取り返そうと、ウォーレン・バフェットの本や、チャートの本を買って研究したのですが、ほとんどためになりませんでした。そして「キッチンカブー」という会員制株式情報サイトに辿り着いたんです。そこには、当時200円だったルック株が500円まで上が

(注)この対談は、ライブドア事件以前に行われました。したがって、現在のライブドア株の動向とは無関係です。

る、と書いてありました。それこそ藁にもすがる思いで買ってみたら、本当に儲かったんです。これがキッカケになって、投資スタイルを短期に変更するようになり、何度も繰り返すことで、だんだんとうまくなっていったんです。

モリタク　サイトの推奨銘柄にそのまま乗っかったんですか？

三村　最初はそうですね。でも、「売買のタイミングやリスク管理は自分でしてね」、というサイトなので、いろいろな判断は自分でしました。

モリタク　株は自己責任ですからね。でも短期売買の初心者は、手数料に食われて儲けがちっとも増えないというパターンに陥りがちです。三村クンは大丈夫だったんですか？

三村　確かに最初はキツかったですね。でも今だと、例えば楽天証券なんかは決められた期間内に20回以上売買すると、何株売買しても一回の手数料が735円しか掛からないんですよ。

モリタク　ほ〜。カネのあるヤツに有利な料金体系になっているんだ。お金は寂しがり屋だからあるところに集まっていくもの

です。カネのないヤツが〝手数料地獄〟から抜け出すまでは大変だよね。

三村　一番大変だと思います。資金が少ないと買える銘柄も限られますし、同一銘柄を当日中に何度も売買することができません。ボクも30万円から１００万円にするまでは苦労の連続でした。

モリタク　それでも止めなかったんだね。

三村　エヘ。とりあえず頑張ってみようかなぁと。

【三村クンはデイトレ界の長嶋茂雄】

モリタク　でも普通の人は、なかなか三村クンのようにはいかないよね。短期売買というのは、ゼロサムゲームなんですよ。勝つ人がいれば、それだけ負ける人がいる。だからボクは、短期売買は基本的に麻雀と一緒だと思っているんですね。麻雀って、勝負師たちが長いこと死闘を繰り返すと、結局、雀荘の一人勝ちになるんです。株の短期売買もしかり。最終的にはネット証券の一人勝ちに終わるんじゃないかな。それでホリエモンや三木谷さんが、ますますブイブイ言わすことになる(笑)。実際ほとんどの個人投資家は、証券会社に手数料を持ってかれるだけ持ってかれて終わっているでしょ？　三村クンは１か月にいくらぐらい手数料を払っているの？

三村　うーん。最近イー・トレード証券に変えたんですけど、２か月で１４０万円ぐらいですね。

モリタク　三村クンの場合、その２か月で２０００万以上稼げるからいいけどさぁ。ほら、前作で書いていたでしょ？　短期売買は野球と同じだって。要するに、三村クンはデイトレ界の長嶋茂雄なの。多分ね、長嶋茂雄にどうやったら打てるんですかって聞いたら、「来た球をよーく見て、パーンと打つんだよ」なんて言うでしょう。実際、長嶋はそれで打てちゃう。でも向いてない人にはムリなんですね。長嶋の真似をしてもプリティ長嶋ぐらいにしかなれない（笑）。普通の人には、そもそもバットを振るタイミングがわからないんだから。

三村　森永さんのおっしゃるとおりだと思いますが、短期投資は攻撃の前にまず守備練習をしたほうがいいと思います。短期投資は損切りが命ですから。損切りさえできれば、大きく負けません。

モリタク　ほほう。今までで最速何分で損切りしたの？

三村　買ってすぐに大きな売りが出たら、１秒、２秒ですぐ売り注文を出します。

モリタク　まぁ～驚いた。１秒、２秒で切っちゃって、手数料がもったいないとは思わないの？

三村　それよりも、損切りできずにいて損をするほうが痛手ですから。

モリタク　やっぱり一般人とは発想が違う。第一、〝金力〟のないフツーのオッサンは１秒で損切りしようったって、キーボードを叩くスピードが追いつかない（笑）。それに一般人は、「損切り命」とアタマではわかっていても、欲が出ちゃってなかなかできないでしょ。ほら、男が女でボロボロになるときと一緒ですよ。もうちょっと貢げば、いいことデキるんじゃないかと思って、ハマりまくっていくでしょ。いくらがんばったってデキやしないのに(笑)。

三村 キャハハハッ。うまいですね☆

モリタク 今までお話を聞いて思ったのは、三村クンには煩悩があんまりないんですね。だから勝てる。欲のないところも、ますます長嶋っぽい(笑)。でもね、人間って、欲深いんですよ〜。

三村 確かに、そうかも。でも練習すれば、誰でも損切りはうまくなると思いますよ。

【見せ板には騙されない三村クン】

モリタク トレード中は、本に書いてあったとおり、売り買い注文の板をずっと見ているの? 今ってネット売買が主流になっているから、相場は嘘つきだらけでしょ? 別に売り板や買い板に名前が書いてあるわけじゃあないんだし(笑)。

三村 ああ、それは「見せ板」のことですね。確かにたくさんあります。でもボクの場合は、本当かどうか雰囲気で見抜けるというか……。例えば厚い買い板がたくさんあるとします。普通はこの場合、株価は上がる。でも、なかなか上がらないとしたら、実は買い板を厚く見せかけている張本人が、成り行きの売りをたくさん入れているんじゃないか……。逆に売り板が厚いのに、株価がそんなに下がらないときは、プロが個人投資家の振るい落としをたくらんでいるんじゃないか……。こんな感じで、板の裏の裏を読むのです。

モリタク 昔、兜町の怖いお兄さんたちがやっていたことが、今はネットの世界で再現されているんですね。ところで、三村クンはそういった仕手筋の動きは、どっから仕入れてくるんですか？

三村 「カブーフレンズ」を見て参考にすることもありますが、ボクは基本的に「今そこにある株の強さ」を信じて売買を決めるので、特定の情報に左右されることはないんです。

モリタク 仕手株は、本来特殊なインサイダー情報がないと儲からないはずなのに、たいしたもんだ。ちなみにＰＢＲとかＰＥＲといった情報も見ないの？

三村 一応、それだけは見ます。でも、短期投資にファン

ダメンタル情報はほとんど関係ありません。PERを見るときは、例えば倒産しそうな企業を売買するときや、個人投資家に買われている銘柄の人気の理由を探るときに、参考にする程度です。

【三村クンは高値圏で横ばい推移する強い銘柄がお好き】

モリタク なるほど、本にも書いてあるけど、三村クンはファンダメンタル云々よりもチャートを重視するスタイルだからね。一体、どんなチャートなら合格なの？

三村 日足で言うと、株価が2～3か月ぐらい横ばい推移だったのに、突如として斜め45度の上昇を示す、なんて形が理想です。こういったときは、決算の上方修正などがあり、その期待値からファンドなどの大口に買われた場合が多いんです。そこに個人投資家が追随して、株価はさらに上がっていく。普通はこんなに急騰すると過熱感が出て下げ始めるのに、それでも下げずに引き続き強い買いが入っている。こうした高値圏での横ばい推移が続くと、投資家の期待はますます高まって、全然売りが出てこない。そして上昇パワーを溜めて、最後にドッカーンと爆発する。そんなチャートの形が好きですね。

モリタク それを「高値摑み高値放し」するんだね。でも初心者は高値で摑んで高値で放せないかも(笑)。どのへんで手放すことを決断するの？

三村　雰囲気ですね。ボクは大きな買いが続くときは、強気なんですよ。だって大きく買う人は、さらに高値で売り場を作らないといけないじゃないですか。ということは、意地でも株価を上げようとするでしょう。こういう場合は、「あと10円ぐらいは上がるかな」なんて考えてホールドします。でも、予想が外れた場合は、本当に1円、2円下がると損切っちゃう。下げてから上げるときもありますが、そういうときは諦めるしかない。

モリタク　なるほど。ところで「高値掴み高値放し」は、相場が右肩下がりのときでもできるの？

三村　あっ、できます。むしろ、全体基調が下がっているときのほうが有効です。日経平均全体が上がっているときは、ボクはもう個別株は売りに行きますから。

モリタク　やっぱりその発想が違う。誰もやらないことをやったヤツが先行者利益を取るんだね。株でも人の行く裏に道あり、花の山。同じなんですね。

三村　ボクだって、いつもいつも勝っているわけじゃないですよ。勝率はせいぜい6勝4敗ぐらいです。

モリタク　でも、野球なら勝率6割だったら優勝できるよ（笑）。

要するに、三村クンは、デイトレ界の長嶋茂雄なの。多分ね
光栄です☆ でも長嶋さんもいいけど、ボクはイチローがいいかな（笑）

【モリタク式株投資】

――ところで、森永さんは株はやるんですか？

モリタク　一応。でも、私は人とは全然違った路線を歩んでおりまして……。株をコレクションしちゃうんです。だから、よほどのことがない限り売らない。あと、おまけのついてない株は買わない。

三村　まさに、おもちゃのコレクションと一緒ですね（笑）。おまけつきってことは、全部「株主優待」がついているんですね。ちなみに、どんな銘柄を持っていらっしゃるんですか？

モリタク　えーっとね、「買い物系」と「乗り物系」と「食い物系」と「おもちゃ系」の4種があります。「買い物系」だったらイオン。買った理由は、ウチの近所にジャスコができたから（笑）。イオン株を買うと、100株で3％、1000株で5％、3000株で7％オフになるんです。「おもちゃ系」だったらトミー。株主にミニカーをくれるからです。三村クンは、株主優待ってもらったことあります？

三村　はい、あります。シダックスは5株以上で、なんとカラオケの優待券を4万5000円分もくれるんですよ。これは買いだなと思って（笑）。

モリタク　そのへんは、やっぱり大学生なんだね（笑）。ウチの息子と変わらないかも。

【今は中長期投資、絶好のチャンス】

モリタク　ところで最近、三村クンは中長期投資も始められたとか。さっきも言ったとおり、短期投資はゼロサムゲームだけど、中長期投資はパイが増えていくのでゼロサムじゃない。だから、株のセンスがないヤツでも勢いに乗れる。しかも、今は中長期投資には絶好のチャンスです。

三村　やっぱり相場がいいからですか？　日経平均もすごい勢いで続伸していますしね。

モリタク　そのとおり。ボクは今、会う人全員に株を勧めています。なぜなら、今は〝逆バブル〟だから。長期的に見て、日本経済は必ず本来の姿に戻ります。ざっくり言うと、ニューヨーク市場の時価総額は今、1400兆円ぐらい。一方、日本市場はざっくり500兆円ぐらい。でも、日本の人口や経済規模はアメリカのほぼ半分なんです。ということは、日本市場の時価総額は700兆円ぐらいが妥当。だからボクは、日経平均株価はあと4割は上がると見ています。PERで見てもそうです。よく日本の株のPERは高い、割高だなんて言われますが、それは間違い。アメリカと日本とでは、長期金利の格差があるので、長期金利の差分を考慮して補正すると、日経平均は2万円ぐらいが適正。だから、今のうちに割安に仕込んでおくと絶対トクするんです。

――ちなみに、どんな銘柄を仕込んでおくといいんですか？

モリタク　東証1部の大会社の銘柄を買ってもそこそこ上がるとは思いますが、〝危なめ〟の銘柄を買うと、上がり方は半端じゃないと思いますよ。つまり、一昔前にやっていた〝ハゲタカ外資〟と同じことをすればいいんです。具体的な銘柄については……、三村クン、教えてください（笑）！

三村　中長期投資銘柄でも、「絶対儲かる銘柄」なんてありません。でも、「クリード」はオススメですね。ＰＥＲがちょうど20倍と新興銘柄にしては低く割安感があるし、業種も不動産投資で成長性が期待できます。チャートの形もゆるやかな上昇で中長期向きです。ボクは40万円のときに買いましたが、10月末には48万円になりました。この調子だと、もう少し持っていてもいいかなって思っています。ちなみに、証券コードは８８８８なので、覚えやすいです。

モリタク　なんだか、ヤーさんのナンバープレートみたいですね（笑）。

【今後、三村クンはどこへ行く⁉】

モリタク　いや、今日は勉強になったな。まとめると、短期投資の場合、勢いのある銘柄を見つけてチャートの形を見る。

そして、高値で摑んで高値で放す。あと、何より損切りが大事だと、中長期の場合は、成長性のある業種かどうか見て、PERが比較的割安なのを買う。あと、こちらもチャートの形を重要視するってことだね。

三村　ハイ、そのとおりです。

モリタク　でも、一番大事なのは欲深くならないってことだね。多少の損でもアタマに血が上らないのが三村クンの強み。IT長者のみなさんみたいに、今の3億円を、30億円にしようとは思わないんでしょ？

三村　思わないですね。まぁ、コツコツやっていけば30億円なら作れるかなぁとは思いますが、別にそうしたいとも思わない。

モリタク　その達観したところが、「三村式」最大のコツなんですよ。ところで、大学を卒業したら、その先はどうするの？

三村　とりあえず就職しようかなって思います。9畳の部屋に引きこもってデイトレばかりしていても楽しくないし。それより、社会に出て、自分の世界を広げてみたい。

――では最後に、三村クンに何かアドバイスをお願いします。

モリタク　くれぐれも、闇の世界には足を踏み入れないように。踏み込んだら最後。ブラックホールのような世界ですからね。あと、今の彼女を大切にしたほうがいいですよ。金持ちになると、金目当てで悪い女が必ず寄ってきますからね。

三村　そんなもんなんですかね。

モリタク　先日、ホリエモンと話したときに、「愛は金で買えるっていうのは、本当ですか?」って聞いたら、「直接買えるんじゃあなくて、カネがあれば、例えば行きたいときにいつでも海外旅行に行けるし、高級レストランにも行ける。金持ちになると自由度が爆発的に増えるから、女のコの居心地をよくできる。だから、結果的にもてるようになるんだ」って言っていましたけど。私には、どう考えても女がカネに引き寄せられていってるようにしか思えませんでした（一同爆笑）。

森永卓郎　［もりながたくろう］

経済アナリスト、三菱UFJリサーチ&コンサルティング経済・社会政策部客員主席研究員、獨協大学経済学部特任教授。東京大学経済学部を卒業後、日本専売公社、日本経済研究センター、経済企画庁総合計画局などを経てUFJ総合研究所に入社、現在に至る。著書に『年収300万円時代を生き抜く経済学』など。趣味は食玩と、有名人のサイン入り名刺の収集。松田聖子の大ファンでもある

第6章

仰天！三村式中長期投資!?

【三村クンが始めた中長期】

短期投資のほうが大きな利幅が取れるので、これまで中長期投資には見向きもしなかったボクですが、05年8月、「投資の腕を磨きたい」という思いと、資産の安定運用がしたいという考えから、中長期投資を始めることにしました。運用歴は半年足らずですから、まだまだ素人同然です。とはいえ、すでに結果が出始めているので、ここで三村式の中長期投資戦略をご披露したいと思います。

まずは最初に、中長期投資向きの銘柄選びについてです。中長期向け銘柄選びのポイントは、「三村式短期投資」の逆。さしたる材料もないのに株価が急騰する、すなわち個人投資家のマネーゲームの標的になるような銘柄は、中長期にはまったく向きません。重視すべきは、なにより確かな会社の実力。すなわち将来性です。会社の将来性を計るには、きちんとファンダメンタルを分析するしか方法がありません。とはいえボクはまだ学生なので、会社の仕組みすら、ほとんど理解していません。でも大丈夫。中長期投資をするうえでも、押さえるべきポイントは案外シンプルなのです！

中長期投資は、①割安株を早めに仕込み、上がるのを待つ手法、②値がさ株を買ってさらなる上昇を

見込む方法があります。②の場合、中長期といえど、いつ急落するかわからないので、マメなチェックが必要。一般的に中長期といえば、かのウォーレン・バフェットが言う「割安株を買ってホールド」が基本スタンスだと思ってください。

ブイ・テクノロジー(7717)

では次に、ボクが具体的に投資した中長期銘柄についてご紹介しましょう。まだまだ素人同然ですが、どんな基準で銘柄を選ぶべきか？　買いどきは？　売りどきは？　など、みなさんの投資の参考になればうれしいです。

まずは、ブイ・テクノロジー(7717)。この銘柄は、チャートで見ると右斜め20度から30度のなだらかな上昇曲線を描く理想的な「中長期向き」

銘柄なので、以前から注目していました。

ボクは、短期投資の場合は、突如として右斜め60度に急カーブする「イケイケ銘柄」を好みますが、こういった銘柄は急落リスクもあるので中長期投資には、そもそも向きません。第一、急騰するには何かしらの一時的な「材料」があるからで（ないのにマネーゲーム化する銘柄ももちろんありますが）、材料が落ち着くと次第に株価も下がります。つまり、買われているのは、一時的な理由であり、本当の会社の実力ではないのです。

それに比べて、ブイテクのチャートを見てください。ここ1年、調整はあれど、ほぼ下落知らず。上がっては調整し、上がっては調整する――、といった理想的サイクルで上昇しています。ボクは、この流れを繰り返す銘柄こそが中長期向きだと思います。実際、ブイテクの株価は1年で3倍近くに上昇しています。

『四季報』を見ても、ブイテクの実力はわかります。今期も来期予想もいいですし、液晶検査装置の製造・販売という業種にも今後ますますの将来性が感じられます。この分野では、オンリーワンの技術を持つとも聞きます。

そこでボクは05年8月中旬に、45万円で20株買ってみることにしました。このときは、高騰した後の調整という状態だったので、「上値が狙えるかも」と思ったのです。読みどおり株価は順当に推移。基

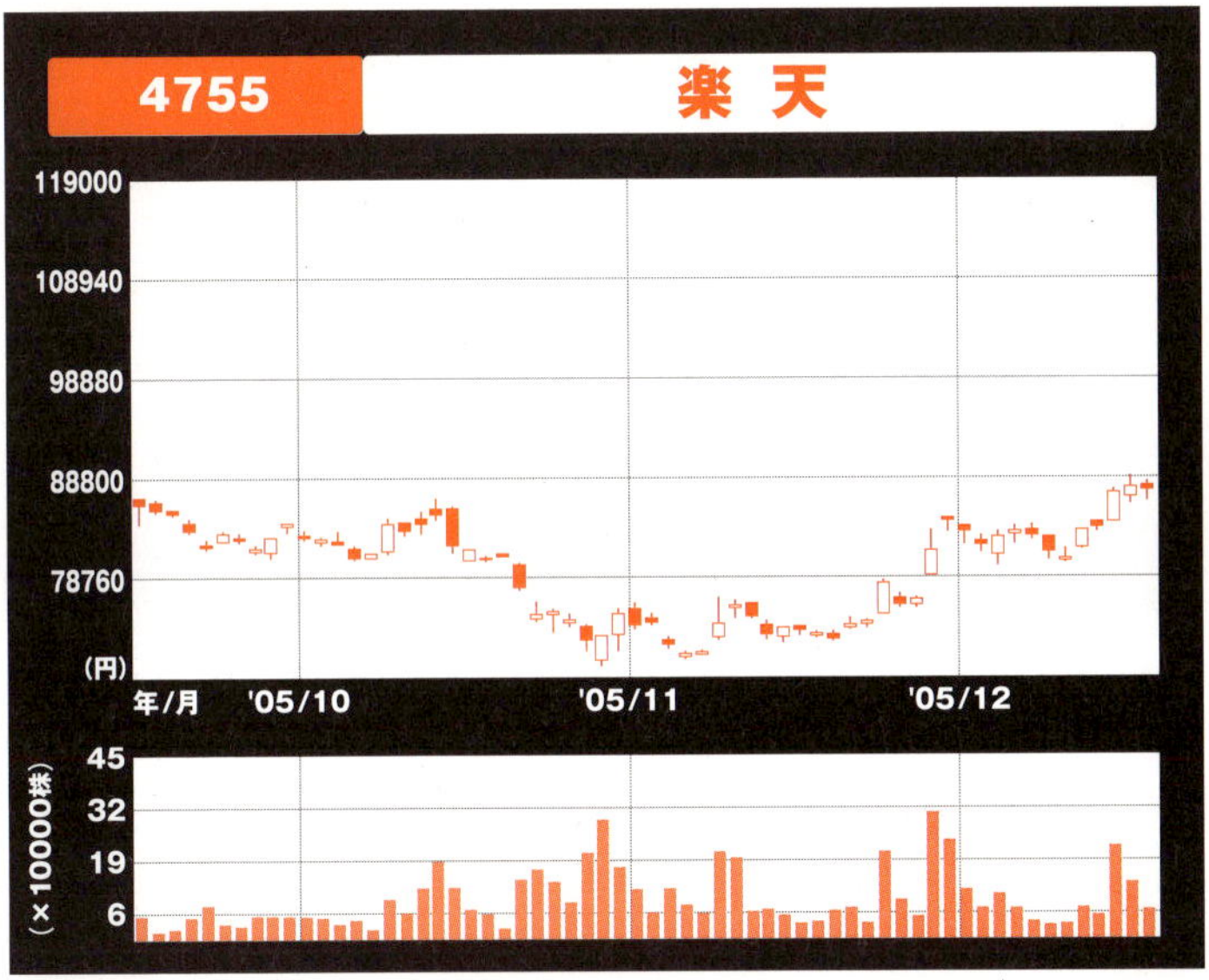

本的に「ほったらかし」で、10月中旬には72万円に達していました。そこで、「そろそろ利食いをしておこう」と半分売却。さらに、10月下旬に85万円で残り10株を売りました。合計で６００万円近く儲かったので大満足だったのですが、05年12月27日現在の株価は１４５万円。半値近くで売ってしまったのかと思うと悔やまれます。でも、初めての中長期投資としてはこんなもんでしょう。

楽天(4755)

短期トレードでは、「リバウンド狙い」を勧めていないボクですが、中長期では押し目を狙って買うのはむしろオーソドックスな手法です。ですから、ナンピンだってどんどんやります。

その代表的トレードが楽天（４７５５）でした。

楽天が、話題になったのは、TBSの株式取得に乗り出した10月中旬。その後、「実は楽天は借り入れ金が多い」とか「TBSに資金を投入しすぎると、楽天は潰れる」なんて報道が相次ぎました。その影響もあって、株価は急降下。10月中旬に9万円付近だった株価が、後半には7万円以下に下げていました。このときボクは、ウォーレン・バフェットの「一時的な悪材料があったとしても、将来性がある場合は買いだ！」という法則を思い出しました。多少借り入れ金が多くたって、社長の三木谷さんがあれほど三井住友銀行やゴールドマン・サックスなどの大資本と仲良しなんですから、潰れるということはないだろう、そんな思いもアタマを掠めました。

そこで、10月後半に7万2600円でまずは試しに50株買ってみたんです。最初から、TBSとの提携交渉が一段落したら「売り」と思って買いました。ですから、むしろ現状より下げたらどんどん買い増そうと、ナンピンする腹積もりでした。

ところが、どうやらこのあたりが「底」だったようで、その後、株価はジリジリと上げて行ったのです。そしていよいよ11月後半、TBS問題が一段落した途端、急騰しました。この時点で、当初の予定通り8万2600円で売りです。

利益としては、50万円と低いですが、シナリオ通りコトが運んだので満足です。

アイ・エックス・アイ（4313）

アイ・エックス・アイ（4313）は、「第二のブイテクになれば」との思いをはせて投資した銘柄です。チャートを見てください。なんとなくブイ・テクノロジーに似てるでしょ？

ボクが買ったのは、11月後半。58万1000円で10株仕込みました。理由は、地理情報システムという「オンリーワン」の強みを持つことと、決算で上方修正を出したことです。ボクの経験則から言うと、一度上方修正を出した会社はまた上方修正を出す確率が高い。それだけ、自社の財務体質に対してシビアな目を持つことの証明になるからです（ちなみに、一度下方修正を出した銘柄はまた下方修正を出す可能性が高いものです）。

通常、上方修正を出して急騰した銘柄は、個人投資家が短期的に利食うので、一時の高騰で終わる場合が多いのですが、アイ・エックス・アイはその後も下げ知らず。その理由は、業績・成長率ともに高水準だからです。つまり、確かな会社の実力で買われていると言えます。決算を見てもほぼ〝倍々ゲーム〟で成長しています。

ですから、この銘柄はほぼ「ほったらかし」で今もホールドです。ちなみに、12月27日現在の株価は86万円。このまま100万円までいったら嬉しいな♪なんて考えています。でも、25日移動平均線を割ったら即売りですよ〜。

クリード（8888）

ボクは基本的に、「業務内容」で銘柄選びをすることはありませんが、有望業種としての「不動産ファンド関連」は以前より注目していました。これらの業種は、銀行の不良債権処理に一役買って大儲け。現在の「不動産ミニバブル」にもうまく乗っています。

そこで、05年10月中旬頃、何か一つ不動産ファンド銘柄を長期保有してみようと思いました。いろいろ迷ったのですが、ボクが選んだのはクリード（8888）。アイディーユー（8922）、ケネディクス（4321）、ダヴィンチ・アドバイザーズ（4314）、リサ・パートナーズ（8924）などの同

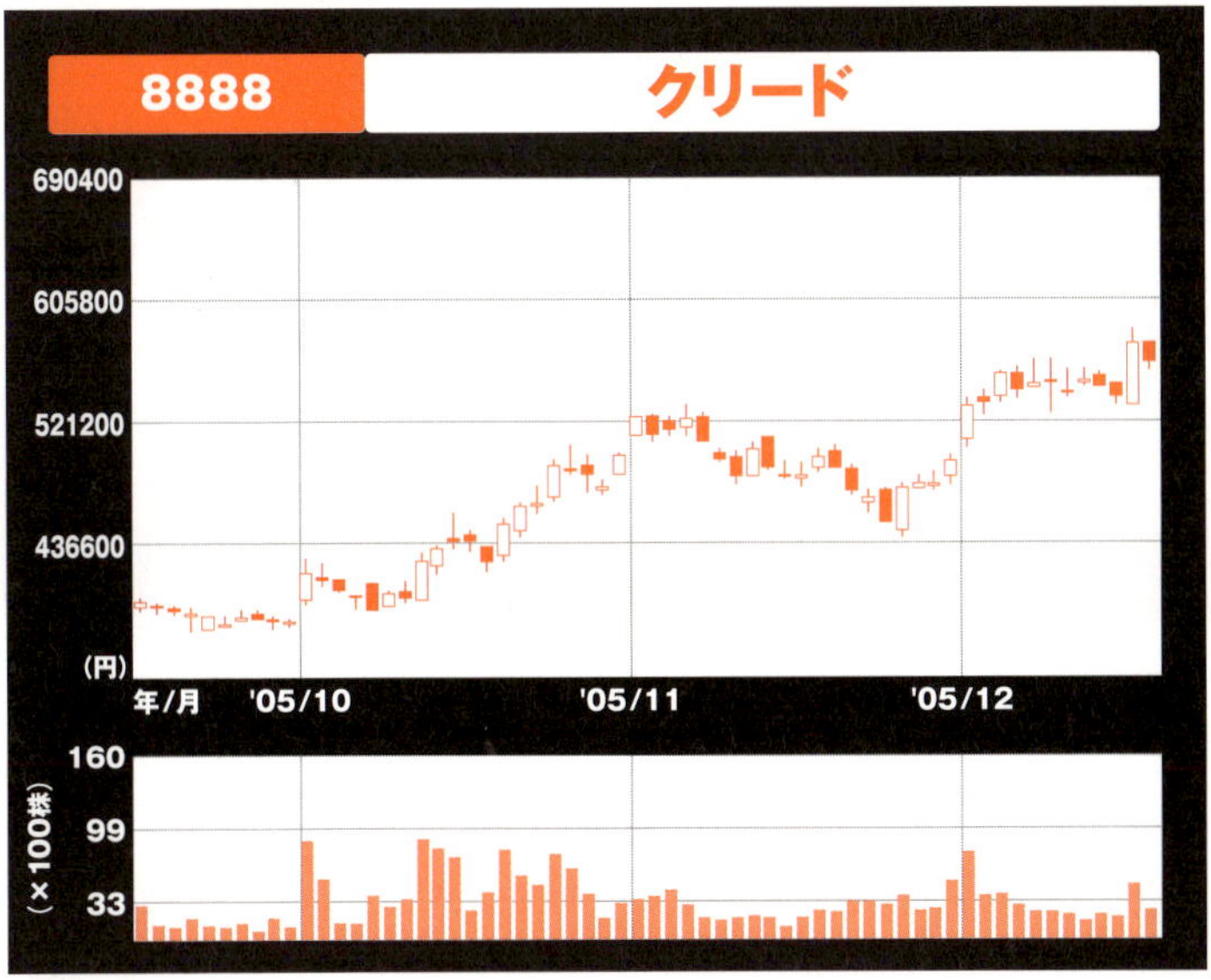

業の中で一番PERが低かったからです。ちなみに、ダヴィンチは40倍、クリードは25・7倍。「これは割安かな」と思いました。05年5月の決算発表では、経常利益も2桁更新し、前期実績の約1・5倍の業績をたたき出すなど積極的内容で、成長性が高いと判断しました。しかも、ボクが買った10月頃は、チャートを見てもわかる通り、3か月ぐらい続いていた調整から上離れした状態で、まさに「買いどき」でした。

そこで、10月13日に40万円で20株買ってみることにしました。しばらく放置しておいたのですが、思い通りに株価はグングン高騰。「年内に半分利食っておこう」と12月20日に64万円で、10株を売却。残り10株は、次の決算を待ってから、売買判断をしたいと思っています。

ちなみに、クリードやアイディーユーなど不動産ファンド関連の特徴なのですが、これらの業種は株価が上昇してくると、さらに勢いづいて急騰する傾向があります。ですから、デイトレでも十分利食うことができる銘柄だと思います。

それにしても、ここ最近は不動産ファンドに限らず、不動産業界そのものが絶好調ですね。最近では、業績および来期予想が絶好調の不動産投資業のノエル（８９４７）を12月14日に１７９万円５０００円で2株買ってみましたが、12月27日現在で、２６３万円の株価を更新しています。この銘柄は、四季報によると、分割期待もあるらしいので、権利交付日まではホールドしていようかと考えています。ちなみに、マンション再販業のアルデプロ（８９２５）、ディベロッパーのランドビジネス（８９４４）なども、要注目銘柄。しばらくは、不動産業界から目が離せそうにありません。

朝日工業(5456)

朝日工業（５４５６）は、セゾングループからスピンアウトした電炉メーカーです。有機肥料などのサイドビジネスも好調で、将来性が高く買われています。その証拠に、05年9月の上場後、12月に入ってからチャートは上昇一直線。ですから、ボクはずっと銘柄ボードに入れて、中期保有のタイミングをうかがっていました。

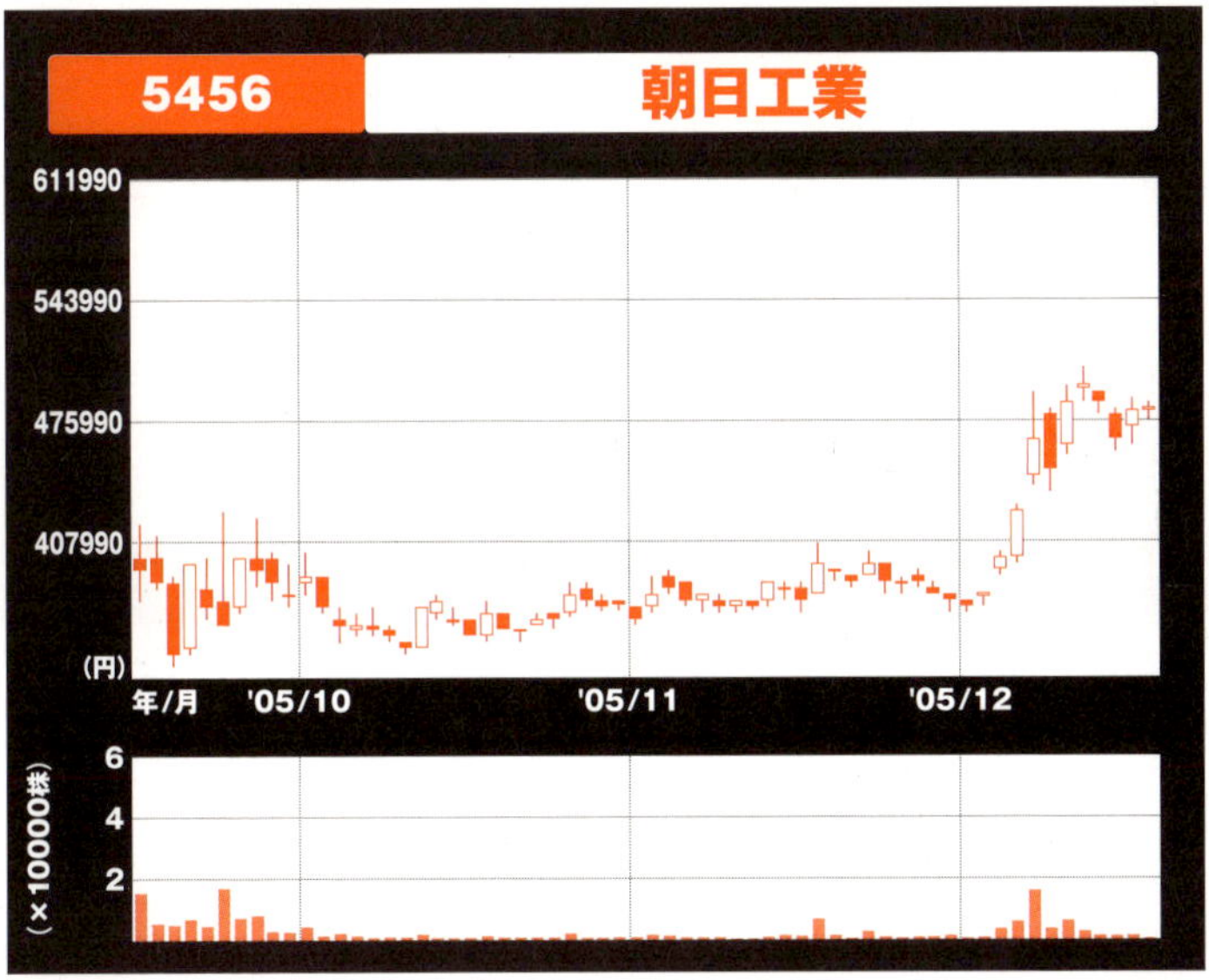

そこへきて、11月15日の決算発表です。成長率はそれほどでもありませんが、業績は堅調、PER も当時は7倍台と非常に割安でした。

しかも株式3分割の発表もあり、翌日には急騰。そこでボクは、「分割の権利を取得しよう」と119万円で10株買っていた同銘柄を、ホールドすることにしました。

前にも述べましたが、分割銘柄は分割発表直後に買うのがベストです。発表直後は、「分割による株価上昇期待」でだいたい株価は上がります。ただし、「新株交付日」には分割された「子株」が投資家の手元に戻ってくるので、一時的に吊り上がった株価は、次第に元の水準に戻るのが通常のパターンなのです。

ただし、06年1月から分割に関するルールが変わったので、このタイムラグを利用して儲けることは、もうできないのです。ちょっと残念ですね。

【中長期投資の銘柄情報も カブーフレンズ】

最後に、ボクが中長期投資向けの銘柄選びの参考にしているコラムについてお教えします。それは、「カブーフレンズ」で毎週連載中の「勝つための戦略」です。このコラムの著者は、某有名ジャーナリスト。マネー誌でも連載を執筆しているなど、株業界では知らない人がいない存在です。このコラムでは、具体的な銘柄紹介をしてくれるほか、「今が売りどき」といった具体的なアドバイスまでしてくれます。実際、ボクはコラムの推奨銘柄ウィズ（7835）、ブイ・テクノロジー、アイ・エックス・アイなどを買って、それぞれしっかり儲けることができました。

もちろん、コラムの推奨銘柄すべてを買うことはできませんから、その中から自分なりに吟味することは必要です。

どんな状況でも利益を出すのじゃ!!

【あとがき】

この本には、相場に触れる前に知っておきたいデイトレードの基礎知識と、「デイトレードはこんな感じなんだ」という感覚を詰め込んでみました。最初、何をしたらいいのかわからない株初心者は、とりあえず真似から始めてみるのも良いでしょう。でも、段々とうまくなるにつれて、「三村式」にこだわらず、自分のスタイルに合った売買手法を確立してほしいと思います。要は最終的に儲かれば何でもいいんです。今、三村式は成功しているかもしれませんが、この先どうなるかはわからない。同じ手法で儲けられなくなるときがくるかもしれませんし、デイトレードの手法の中で、この三村式が唯一無二の正解というわけではないのです。もっと利益を出せる方法があるだろうし、もっと効率の良い方法があるはず。ですから探究心を持って相場に臨んでほしいと思います。毎日が勉強なのです。

さて、最後にボクがこの本でもっとも言いたかったこと。それは「手法がすべてではない」ということです。よく「取引の仕方を教えてください」などと聞かれます。うまい人の売買手法を聞くことが、上達への一番の近道だと思っている人は多いでしょう。でも、ボクはそう考えることがそもそも間違っていると思います。それならば、頭が良いはずの東大生は手法さえ勉強すれば儲かることになります。

でも、それは違いますよね？　ボクが普段実践している売買手法は、すべてこの本に書いてあります。「わざわざ本を書いて売買手法を曝け出すなんて、どうしてそんなもったいないことをするんだ」と感じられる人もいるでしょう。理由は、この本を読んだからといって、誰もが株がうまくなるなんて思えないから。トレーダーとして成功するためには、ある程度の知識に加えて、精神面の強さが重要だと思っているからです。適切な銘柄を適切な数量、適切な価格で買う。これがいかに難しいことかわかりますか？　頭ではわかっていても実行できない人がほとんどのはず。コツコツ貯めてきた利益を、一度の愚かな取引で吹っ飛ばすことなんてザラです。みなさんも思い当たるフシがあるでしょう。では、その取引の何がいけなかったのか。それは売買手法ではないのです。いつもと違った取引をしてしまった、自分自身の心の中にあるのです。

相場に対するときは、いつも冷静でなければいけません。熱中しすぎて我を忘れてしまうなんて話になりません。だからこそ損切りが重要だと何度も何度も書いてきました。なぜなら最悪、これだけを機械的に遵守していれば、相場で生き残れるからです。損切りさえできない精神の弱い人には、迷わず中長期投資をオススメします。短期では大損する可能性があるからです。今は相場が堅調ですので損をしている人はあまりいないかもしれません。ですから相場が楽しくて仕方がない、週末になると「早く月曜日にならないかな？」などと思っている人が多くいると思いますが、そういった人は要注意です。いつもトレードしていないと気がすまなくなり、買ってはいけない銘柄もとりあえず買ってしまう傾向があるからです。こういった行動のやっかいなところは、自分が間違っていることに気づいても、それを実行してしまう弱い心にあるのです。そうです。とても重要なのに意外にみんなが重要視していないこと。それが精神面の強さなのです。ボクは出会った人に、株をやることを勧めません。それは、その人の精神面がしっかりしているかどうか、ボクにはわからないから。ボクも自分には甘いところだらけですが、株とはシビアにつき合っています。株で甘い人はいつかやられます。それだけ厳しい世界なのです。人生もそうかもしれないですね。成功するトレーダーは、無感情で淡々とパソコンの前で作業をこなしていくのです。大勝ちしても大負けしても一喜一憂しない。そういった人が向いていると思います。常に感情に左右されないトレードを目指してください。今、このページを読んでいる人は正解です。なぜなら、デイトレードがうまくなる一番の秘訣を書いているからです。精神面は多くの人が重要視しません。理解しにくいし、具体的に実行しにくいからでしょう。だからこそ、数ある株本にもほとんど出てこないのでしょうね。しかし、自分の感情を制御する術を身につけることができたら、きっと素晴らしいトレーダーになれるでしょう。みなさんが立派なトレーダーになれることを願っています。

　話は変わって、森永卓郎さん、忙しいのに対談してくださって本当にありがとうございました。経済アナリストなので、話がとても難しいのかなとか、いろいろと不安だったのですが、会ってみると、と

てもおもしろい方ですごく楽しかったです。次回はぜひ、一緒に秋葉原に行きましょう☆
宏志さん、仕事をしながらのトレード、お疲れ様でした。資金を30万円まで減らしたと聞いて、正直もうダメかと思いましたが、最後は立派なトレーダーに成長してくれて、とてもうれしいです。これからも仕事が暇なときはどんどん稼いでくださいね。そしてサラリーマンがネット株で3億円稼いだ本を書いてください（笑）。
最後にSPA！のみなさん、ライターの佐藤留美さん、前回に引き続き大変お世話になりました。いろいろ経験をさせていただいたことは忘れません。特にメイドカフェに初めて行けたことが印象的でした（笑）。本当にありがとうございました。また楽しいところに連れて行ってくださいね～☆

三村雄太《みむらゆうた》

83年、株好き一家に生まれる。受験勉強が肌に合わず、地元の平凡な大学に進学。サークル活動と恋愛に勤しみながら、昼はスーパートレーダー、夜は平凡な大学生という多忙な日々を送る。現在、週刊SPA！に『株福音週報』の連載を持つ傍ら、ラジオ出演、雑誌へのコラム執筆などで、全国のデイトレーダーの地位向上に努める。好きな食べ物はラーメン

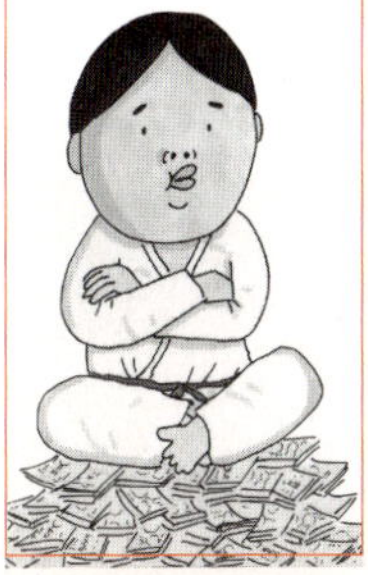

3億円大学生が徹底指導した勝利の鉄則

2006年2月28日　初版第一刷発行

著　　者　三村 雄太
発 行 者　片桐 松樹
発 行 所　株式会社 扶桑社
〒105-8070　東京都港区海岸1-15-1
電話　03-5403-8875（編集）
03-5403-8859（販売）
http://www.fusosha.co.jp/

DTP制作　株式会社 スーパービュー・コム
印刷・製本　大日本印刷株式会社

 ISBN4-594-05090-5

スタッフ
著者　三村雄太
イラスト　小田原ドラゴン
撮影　柳生義治
図版　ミューズグラフィック
デザイン　鈴木貴之
ライター　佐藤留美